힘든 시간을
이겨내는
10가지 방법

힘든 시간을
이겨내는
10가지 방법

로버트 J. 윅스

김현정 옮김

북노마드

—

차례

그녀는 스치는 모든 사람들을 위해

생의 그 모든 날들을

열정으로, 웃음으로,

호기심과 끝없는 사랑으로 반긴다.

나는 그녀의 그런 자연스러운 기쁨을 보며

너무나 놀라고 만다.

나의 손녀, 케이틀린 마리 쿨릭에게

프롤로그

모든 문제에는 두 개의 손잡이가 달려 있다.

우리는 두려움이라는 손잡이를 잡거나 혹은 희망이라는 손잡이를 잡을 수 있다.

– 마거릿 미첼 Margaret Mitchell [1]

심리 치료사가 되기 위해 공부하던 젊은 여자가 있었다. 그녀는 공부하는 틈틈이 교회의 장례식에서 오르간을 연주하고 노래를 부르는 봉사를 했다. 어느 날, 장례식을 마치고 정리하고 있는데 작고 가냘픈 사내아이가 그녀에게로 다가왔다. 장례식장에서 아이가 혼자 계단을 따라 오르간이 있는 위층으로 올라오는 일은 흔치 않은 일이었다. 그녀는 아이에게 부모님이 어디 계시는지 물었고, 아이는 태연하게 있는 그대로 대답했다.

"우리 엄마는 저기 아래층에 있어요. 엄마가 여기 올라가도 된다고 그랬어요. 근데 우리 아빠는 저기에 계세요."

아이의 손가락이 아래층에 놓인 관을 가리켰다.

아이는 지금 장례를 막 마친 죽은 남자의 아들이었다. 그녀는 숨을 가다듬었다. 아이에게 눈물을 보이고 싶지 않았다. 아이는 이미 너무도 많은 눈물을 마주했을 것이다. 아이의 엄마는 무슨 생각으로 아들을 이곳에 올려보낸 걸까?

상담을 공부하는 학생으로서 그녀는 아빠를 잃은 7살짜리 아이에게 좋은 말을 건네고 싶었다. 그러나 '아……'라는 외마디 외에 아무 말도 할 수 없었다. 그러나 그 한마디 속에 그녀가 아이에게 전하고 싶은 진심이 오롯이 담겨 있었다.

"독수리 날개 쳐 올라가듯이…… 방금 부른 노래 있잖아요. 우리 아빠가 제일 좋아하던 노래예요. 아빠는 교회에서 그 노래를 엄청 크게 불렀어요. 저도 그 노래를 가장 좋아해요."

그녀는 대답 대신 고개를 끄덕이며 미소를 지었다. 눈물이 날까 두려운 마음에 더이상 말을 잇지 않았다. 아이는 발코니 난간으로 걸음을 옮겼다. 그리고 통로에 놓여 있는 관을 내려다보았다. 관에는 새하얀 레이스가 덮여 있었다. 아이는 뒤를 돌아 다시 그녀에게 다가와 오르간 건반을 스치듯 살짝 만지고는 아래로 내려갔다. '잘 가'라는 인사를 건네고 싶었지만 아이는 그녀가 입을 열기도 전에 사라져버렸다.

잠시 후, 아이의 엄마가 위층으로 올라왔다.

"제 아들이 방해를 했죠? 죄송합니다."

"아뇨, 전혀요."

아이의 엄마는 아들이 아빠가 세상을 떠난 뒤 아무것도 먹지 않고, 아무 말도 하지 않고 그저 울기만 했다고 말했다. 그런데

〈독수리 날개 위On Eagle's Wings〉라는 노래가 아이의 마음을 열어주었다고, 그 노래를 연주해줘서 고맙다고 했다.

그녀는 아이의 이름이 아빠의 이름을 딴 데이비 —데이비드 주니어— 라는 것을 알게 되었다. 아이에 대해 아는 건 그게 전부였다. 아, 하나 더. 〈독수리 날개 위〉라는 노래를 가장 좋아한다는 것. 하지만 무슨 상관이랴. 그녀는 알고 있었다. 아이와의 만남만으로도 이미 충분하다는 걸. 그녀는 아이와의 만남을 통해 마음의 풍요를 얻었고, 아이는 그녀의 노래와 연주 덕분에 마음의 문을 열고 슬픔을 딛고 나아갈 힘을 얻게 되었다.

물론 삶이라는 게 언제나 이렇게 아름답게 펼쳐지는 건 아니다. 상처가 치유되는 가슴 뭉클한 순간은 너무도 드물게 찾아온다. 오히려 세상은 숱한 사건들과 상처 입은 사람들 그리고 우리를 쉬이 지치게 만드는 끝없는 요구들로 이루어져 있다. 세상은 오염되어 있다. 그 세상 속에서 우리는 자신도 모르는 사이에 삶의 밑바닥까지 서서히 추락하게 된다.

몇 년 전, 병원에서 환자들을 상담하고 집으로 돌아가던 날이었다. 현관에 들어서자 아내 미카엘은 "오늘 하루는 어땠어요?"라고 의례적으로 물었다. 나는 언제나 그렇듯 반사적으로 "괜찮았어"라고 대답할 참이었다.

그런데 무슨 영문인지 급작스레 몰려오는 슬픔을 이기지 못하고 "엉망이었어"라고 대답하고 말았다.

"왜요, 무슨 일인데요?"

"아니야."

"그럼 무엇 때문에 엉망이 된 거예요?"

"그냥…… 갑자기 울고 싶어졌어."

나는 코트도 벗지 않은 채 의자에 털썩 주저앉았다. 그리고 내가 환자들에게 처방하듯이 오늘 하루 동안 무슨 일이 일어났는지 곰곰이 돌이켜보았다. 무슨 일이 있었던 거지? 지금 나를 사로잡고 있는 부정적인 생각은 어디에서 나오는 거지?

생각에 잠긴 지 오래되지 않아 문제의 근원을 알 수 있었다. 어떤 하나의 사건이 아닌, 작고 사소한 일들이 모이고 모인 결과였다. 그날 반드시 해결해야 했던 대단한 문제는 더욱 아니었다. 나는 지난 몇 주간을 돌아보았다. 내가 의식하지 못한 채 마음속에 꼭꼭 담아내야 했던 불안, 슬픔, 무력감, 절망의 감정들이 느껴졌다. 그 감정들은 내 것이 아니었다. 나를 찾아온, 나에게 상담을 요청해온 다른 사람들의 감정이었다.

그중에는 내가 아무런 도움을 줄 수 없는 문제도 포함되어 있었다. 자학, 외로움, 극심한 부채, 부부생활 문제, 섹스 중독, 고립, 분노 등 다른 사람들이 처한 곤혹스러운 상황과 감정을 해결하겠다고 나섰지만, 그 모든 것들이 나 자신을 해치고 있다는 것을 알지 못했다. 그 순간, 나는 한 학생이 상담지에 썼던 글의 의미를 온전히 이해할 수 있었다.

"제 몸에 그 많은 슬픔이 다 들어설 공간이 있다는 것 자체가 놀라워요."

우리가 얼마나 현명한지 혹은 스스로를 얼마나 잘 돌보는지는 중요하지 않다. 누구나 갑작스럽게 혹은 만성적으로 스트레스를 받는다. 오랫동안 상담과 심리 치유를 하며 깨달은 것은 우리가 '힘든 일'이라고 부르는 것들이 트라우마나 중압감뿐만이 아니라는 사실이다. '진짜' 문제는 시기를 따지지 않는다. 우리가 잠시 멈춰 서서 삶을 한 번쯤 돌아볼 때에 찾아오면 좋으련만 인생이란 그렇게 움직이지 않는다. 삶의 나이테는 좋은 날보다 어려운 시기를 겪을 때 더 선명해지는 법이다. 우리 중 누구도 트라우마나 스트레스를 피해 가지 못한다. 삶이란 그저 충실히 살아가야 한다. 저마다 자신에게 주어진 방법과 방식을 이용해 세상의 어둠을 헤쳐 나가야 한다.

우리는 때때로 좌절감에서 벗어나거나 혹은 그 감정을 지배함으로써 안정을 찾고자 한다. 하지만 그런 감정들은 가까이 두는 것이다. 심리학자 칼 구스타프 융의 말을 빌리자면 어두운 그

늘과 '친구'가 되어야 한다. 우리는 스스로에게 지나치게 의존적이고 삶의 문제에 너무 치중한다. 그러다보니 삶에 버젓이 자리한 아름다움과 옳고 그름을 놓칠 때가 많다. 《커먼 바운더리Common Boundary》라는 잡지에 실린 틱낫한 스님의 인터뷰가 생각난다.

"베트남 전쟁에서 우리는 부상자를 돕느라 꽃향기 맡는 일마저 잊고 지냈어요. 이곳의 밤공기는 참 그윽한데 말이죠. 특히 시골은요. 하지만 우리는 민트, 코리앤더, 타임, 세이지의 향기에 관심을 두지 못했답니다."

9.11 참사 당시 수많은 심리 치료사들이 희생자의 유가족과 상처 입은 시민들에게 도움의 손길을 건넸다. 테러가 휩쓸고 간 곳에 남아 힘을 모아 일했던 사람들은 잔혹함과 황폐한 잔해 속에서 온기를 발견할 수 있었다.

이렇듯 생각을 비우고 잠시 삶의 여정을 멈추면 눈앞에 펼쳐진 아름다움을 새삼 깨닫게 된다. 삶을 통찰한다는 것은 내가 누구인지 깨닫는 것으로부터 출발한다. 물론 살아가는 동안 시시때때로 찾아오는 스트레스에서 완전히 벗어날 순 없다. 스트레스는 지극히 자연스러운 삶의 일부이다. 바람을 쐬거나 한나절 정도 좋은 시간을 보내는 방식으로 스트레스를 줄일 수 있겠지만, 고통을 통해 한 뼘이라도 성장하고자 한다면 스트레스를 피해서는 안 된다.

내가 지금 어떤 상황에 처해 있더라도, 삶에 스며 있는 '민트, 코리앤더, 타임, 세이지'의 아름다운 향을 맡기 위해서라도 우리는 고통의 문 앞에서 등을 보여서는 안 된다. 중요한 것은 우리에게 주어진 삶의 여정을 충분히 음미하는 것이다. 다시 한번 자신에게 질문을 던져보자. 지금 나는 여전히 허황된 판타지를 꿈꾸고 있지는 않는가? 내가 만든 환상을 쫓는 데 모든 노력을 기울이지 않는가? 과거의 향수에 빠져 허우적대지는 않는가?

다른 사람을 위하는 마음으로 지나친 친절을 베푸는 것만큼 자신의 내면을 존중하는 일도 무시할 수 없다. 사실 이 둘 사이의 균형을 잡는 것은 생각보다 간단하다. 마거릿 미첼이 말한 '희망이라는 손잡이'는 이를 염두에 두고 한 말이다. 내 삶과 심리 치료사라는 흔치 않은 그러나 보람된 내 일을 돌아보며 나는 늘 그 말에 담긴 의미를 배운다. 지금 이 글을 쓰고 있는 이 순간에도 말이다.

나를 찾아오는 환자들은 대개 전문 봉사자나 심리 치료사이다. 의사나 간호사, 심리 치료사나 장관, 구조대원 혹은 교육자들을 상담한다는 것은 분명 부담스러운 일이다. 분명한 건 타인의 상처를 치유하고 돕는 일을 선택한 이들도 길을 잃고 방황하며 삶의 버거움을 호소한다는 것이다. 그런 사람들이 나를 찾을 때 나는 주로 함께 산책을 한다. 별다른 조언 같은 건 하지 않는다. 다른 사람을 도우려는 노력이 너무 지나치면 도움을 받는 자보다 자신이 먼저 혼란을 느끼고, 결국 앞이 보이지 않는 막막함과 고통이나 트라우마를 겪게 된다. 나는 곁에서 그들이 그 모든 감정을 충분히 이해하고 받아들일 수 있도록 도울 뿐이다.

문제는 다른 사람을 치유하는 일을 업으로 삼는 내 환자들이 극심한 피로와 앞이 보이지 않는 암담한 현실에 대한 명쾌하고도 효율적이며 강력한 해결책을 기대한다는 것이다. 이와 같이 조금은 특수한 집단을 상담하면서 나와 그들 모두 세상에서 쉬이 얻기 힘든 지혜를 배우게 된다. 그렇게 우리는 새로운 세상으로 나아가기 위한 심리적인 해방과 영적 치유라는 소중한 방법을 배우고 있다. 그건 당신도 마찬가지여서, 이 책을 시작으로 매일 조금씩 시간을 내어 삶을 성찰하고 10가지 방법을 실천해 나간다면 스스로를 돌보는 지혜를 얻게 될 것이다. 10가지 방법은 결코 거창하지도 허황되지도 않은 하지만 무엇보다 강력한 해결책을 제시할 것이다. 최근에 스트레스로 가득했던 일이나 그날을 떠올려보자.

당신에게 도움이 필요한 순간이 있다면, 바로 지금 이 순간이다!

어떤 이는 다른 사람의 삶을 꿰뚫어보는 통찰력을 통해 어려움을 극복할 수 있다고 말한다. 그동안 무수히 많은 상담을 진행하면서 나 역시 다른 사람을 바라보는 통찰력의 중요함을 잘 알고 있다. 그러나 통찰력보다 중요한 것은 내 안의 또다른 자아를 발견하

고 그것을 강화시키는 방법을 아는 것이다. 지금보다 더욱 충실한
삶을 살고 싶은가? 그렇다면 내 영혼과 마음을 이해하고 위로하는
법을 알고 하루하루 조용히 실천해보자.

인류 역사상 가장 풍요롭고 대신 그만큼 분주한 시대를 살아가
는 우리는 영혼과 마음을 보듬는 지혜를 헤아리며 삶의 길을 걸어
가야 한다. 1988년 어느 여름날, 나는 저명한 신부이자 작가인 헨
리 나우웬Henri Nouwen에게 편지를 썼다. 편지에서 나는 당시 커다
란 내적 고통을 겪고 있는 그를 격려하고 당시 구상하던 책에 대해
이야기를 나누었다. 감사하게도 그는 내게 친절한 답장을 보내주
었다.

밥 씨에게,

정성스러운 편지를 보내주셔서 무척 고마워요. 연락을 끊지 않
고 어려운 시기에 위로의 말을 해주시니 진심으로 고맙습니다.
물론 저는 아직 완전히 회복하지 못했어요. 아마 몇 달은 더 걸
릴 거예요. 그래도 서서히 내 안의 새로운 힘을 발견하고 있어
요. 그래서 더 늦기 전에 라르쉬 공동체장애인과 비장애인의 생활
공동체로 전 세계 30여 개국 130개 이상의 커뮤니티로 형성된 비영
리단체와 함께 신부로서의 제 삶을 다시 이어나가고 싶습니다.

이렇게 계속 연락을 하고 저를 위해 기도해주는 게 매우 큰 의미로 다가온답니다. 제가 이 같은 상황 속에서 굳건히 버틸 수 있었던 것도 바로 친구들의 기도 덕분이에요. 참 많이 의지가 된답니다. 아시다시피 저는 지금 매우 깊은 영적 위기를 겪고 있어요. 하나님은 저의 일부가 아닌 온 마음을 원하고 계세요. 새로운 방식으로 저의 신념과 헌신을 시험하고 계세요. 그분께 다다르는 길에 도움이 되지 않는 것들을 놓아버리라고 말씀하세요. 좀더 여유롭게, 기도하는 삶을 살며 두려움 없이 신부로서의 삶을 살아가라고 말씀하세요. 지금 저는 삭막한 사막에 서 있습니다. 고통스러워요. 하지만 그만큼 은총이 가득하답니다. 이런, 제 얘기만 했군요. 당신도 아주 즐겁고 보람찬 여름을 보내길 바랍니다. 무엇보다 신앙심 깊은 여름을 보내세요. 새로운 책도 참 기대되는군요. 당신이 어떤 심리적 위기를 염두에 두고 글을 쓰는지 궁금합니다. 저도 우정과 사랑의 마음을 담아 최근에 쓴 책 한 권을 동봉합니다.

따뜻한 마음을 담아, 헨리 올림

당시 영적 위기를 주제로 책을 쓰고 싶었던 내 계획은 헨리의 관심으로 인해 더욱 확고해졌다. 그러나 여러 가지 이유로 집필을 잠시 미루기로 했다. 그로부터 10년이 지난 후에야 특별한 계기를 만나 지금 당신이 읽고 있는 이 책을 쓰게 되었다. 예상하지 못했던 삶의 어두운 여정 속에서 나는 혼란스러웠다. 나조차 피할 수 없었던 암담한 경험을 겪으며 기존에 알고 있던 영혼과 마음의 지혜를 주제로 책을 쓰고 싶었다. 그리고 깨달았다. 힘들고 어려운 순간은 영혼의 지혜를 모으는 자극제가 된다는 것을. 결국 위기에 빠진 사람은 나를 찾은 환자가 아니었다. 바로 나 자신이었다.

—
영혼의 지하로 내려가는 일

나는 놀랄 만큼 빠른 속도로 어둠 속으로 미끄러졌다. 마치 자유 낙하를 하는 듯했다. 밑바닥까지 내려왔을 때, 에너지와 희망, 스스로를 향한 믿음은 점점 희미해져갔다. 모든 것은 직장에서의 문제로 시작되었다. 한때 나는 창의적이고 앞길이 창창한 사람으로 환영받았다. 하지만 지금은 상사의 눈에 벗어난 지 오래다.

처음에 나는 이 모든 상황에 맞서고자 했다. 그러나 이내 이길 수 없는 싸움이라는 걸 알았다. 모든 것을 내려놓았고, 급기야 영적 침체로 고통받기 시작했다. 누군가의 그림자 속에 있다는 게 좋은 기분은 아니었지만 이렇게 생각하기로 했다. "기왕 영적 침체에 빠진 이상 영혼의 밑바닥을 둘러보는 것도 나쁘지 않을 거야."

나를 영혼의 밑바닥까지 내려오게 만든 누군가의 방식과 방법에는 지금도 동의하지 않는다. 그러나 영혼의 지하에 머무는 동안 나를 힘들게 했던 문제의 근원이 다른 사람에게서 비롯한 것이 아님을 깨달았다. 문제의 근원은 나 자신이었고, 내가 지녔던 우상 때문이었다. 내가 삶의 진지함을 망각하고 그 자리에 성공에 대한 얕은 욕망을 채워넣은 까닭이었다. 언제부터인가 나는 무언가를 성취할 때 찾아오는 기쁨을 감사히 여기지 않았다. 오히려 다른 사람과의 경쟁에 스스로를 몰아세웠다. 그런데 영혼의 지하에서 비로소 깨달았다. 밝은 세상에서는 미처 알지 못했던 나 자신에 대해 알아간다는 것에 흥분한 나는 융 심리학 전문가인 동료에게 이렇게 말했다.

"빌, 내 마음의 그림자에 들어가는 일이 얼마나 도움이 됐나 몰라. 그동안 미처 보지 못했던 나에 대해 많은 것을 볼 수 있었거든. 물론 내가 자발적으로 마음의 그림자 속으로 들어간 건 아니야."

동료는 미소를 지으며 부드럽게 대답했다.

"아무도 자발적으로 그림자 속에 들어가려 하지 않아. 떠밀려가는 거지. 그래도 넌 그곳에서 무언가를 배우려 했어. 정말 훌륭해."

그날 이후, 나는 말 그대로 나 자신과 다른 사람들을 돕기 위한 새로운 지식으로 무장한 채 계단을 한 칸 한 칸 올라 지하에서 빠져나왔다. 놀랍게도 1층으로 향하는 문은 굳게 닫혀 있었다. 그 닫힌 문 앞에서 내 삶이 끝난 줄 알았지만, 마음의 눈을 뜨고 뒤를 돌아보니 내가 방금까지 머물렀던 머나먼 지하에서 희미한 불빛이 깜박이고 있었다. 또다른 문이 남아 있었던 것이다. 계단을 올라 1층에 당도했던 나는 다시 발걸음을 돌려 영혼의 지하로 내려갔다. 내가 가야 할 곳, 즉 영혼과 마음의 지하 2층을 향해 밑으로 내려갔다. 고백하건대 살아가면서 처음으로 다시는 평화로운 나날로 돌아갈 수 없다는 두려움이 나를 감쌌다. 그렇게 나는 새롭게 발견한 더욱 깊은 어둠 속으로 내려갔다.

—
영혼을 잠재우는 일

새롭게 발견한 더욱 깊은 어둠 속에 내려와보니 더이상 도망칠 구멍이 없다는 사실을 깨달았다. 그날 밤, 나는 밤이 새는 줄도 모르고 가족, 죽마고우, 이제 막 사귄 친구들, 지인, 나 자신 그리고 나를 위해 일한 사람들 혹은 내가 도움을 준 사람들에게 내가 안겼던 상처를 반성했다. 아무리 보수적으로 세어보아도 내가 그토록 많은 사람들에게 상처를 줬다는 사실에 혼란스러웠다. 게다가 나는 지난 20년간 사람의 마음을 치유하는 심리 치료사로 살아오지 않았던가.

"의사나 카운슬러는 스스로 치유하라"는 말이 있다. 깊은 어둠 속에서 이 말을 몇 번이고 떠올려보았지만 결국 할 수 없었다. 그곳에서 내가 유일하게 했던 일은 진리에 담긴 어둠을 응시하고 그 어둠이 내 영혼을 잠재우도록 내버려두는 일이었다. 그 속에서 지식에 겸손이 더해지면 지혜가 생긴다는 것을 깨달았다. 하나님이 허락하신 지혜라는 은총이 사랑과 자유를 가져다준다는 것도 알 수 있었다. 하지만 그 시절의 나에게는 그 모든 것들이 그저 근사한 말에 불과했다.

그때, 그곳에서 나는 내가 할 수 있는 일이 너무 적다는 걸 깨달았다. 물론 할 수 있는 일이라면 무조건 해야 한다는 것도 알고 있었다. 어디론가 숨는다는 것은 답이 될 수 없었다. 실패 속에 담긴 진리를 마주해야 한다는 것을 잘 알고 있었다. 유대인 신학자 아브라함 헤셸Abraham Heschel의 말이 옳았다. "정의롭지 못한 일이 벌을 받는 것은 법을 위반해서가 아니라 사람을 다치게 했기 때문이다." 그렇게 나는 살아가며 다른 사람에게 남긴 수많은 상처들을 깨닫게 되었다.

어떤 환자는 내게 탈수기에 넣었다 빼내어 누더기가 되어버린 인형이 그려진 포스터 한 장을 건넨 적이 있다. 그림에는 이렇게 적혀 있었다. "진리가 너희를 자유케 하리라. 그러나 그보다 먼저 비참하게 할 것이다." 마치 나를 염두에 둔 듯한 말로 다가왔다. 용기를 내어 일어나려 할 때마다 누군가에게 상처를 줬다는 생각이 나를 다시 고꾸라뜨렸다. 앞으로 나아갈 수 있을 것 같은 실낱같이 희미한 희망이 보일 때마다 또다시 뒤로 밀려나야 했다. 어떤 날은 가만히 앉아 이런 생각을 하기도 했다.

'내가 그렇게 나쁜 사람일까? 나는 다른 사람에게 상처만 안겨준 사람인 걸까? 이 지긋지긋한 칠흑 같은 어둠에서 빠져나갈 방법은 정녕 없는 걸까?'

과거에 사람들은 무언가를 돌파하는 방법으로 도망치는 길을 택했다. 어느 카운슬러가 말했듯이 지혜로운 삶을 살기 위해서는 반드시 진리를 마주해야 한다. 하지만 누군가를 돕는 일을 선택한 심리 치료사와 카운슬러 역시 진리를 회피하려 한다. 데이비드 브레지어David Brazier의 『선 치료Zen Therapy』를 잠시 살펴보자.

요즘 우리는 너무 자주 심리 치료사를 찾고 있어요. 우리는 프로이트가 말한 것처럼 '인간이라면 누구나 겪는 불행'으로 되돌아가기 마련입니다. 그렇게 일시적으로나마 한숨을 돌려보지만 우리를 억압하는 일은 다시 서서히 작동합니다.

라이너 마리아 릴케Rainer Maria Rilke의 『젊은 시인에게 보내는 편지 Letters to a Young Poet』도 머릿속에 떠오른다.

당신에게 위안을 가져다주는 누군가가 평안한 삶을 살 거라고 믿지 말라. 그가 명료하면서도 차분한 어조로 전하는 가르침은 당신에게 도움을 주지만 그들의 삶도 어려움과 슬픔으로 가득 차 있을 것이다. 어쩌면 당신의 삶보다 훨씬 뒤처져 있을지도 모른다. 생각해보라. 직접 겪어보지 않고서 어떻게 당신의 상황에 딱 들어맞는, 당신에게 도움이 되는 좋은 말들을 찾을 수 있겠는가?

나와 다른 사람들이 처한 삶의 암담한 물꼬를 다시 돌릴 수 있는 방법은 대체 무엇일까? 전문 봉사자나 심리 치료사로 일하며 터득한 방법? 아니면 스스로를 돌보는 방법? 헨리 나우웬과 토머스 머튼Thomas Merton, 아브라함 헤셀, 암마스Ammas, 아바스Abbas 같은 과거의 영적 지도자들이 남긴 방법? 아니면 동양 사상에 바탕한 데이비드 브레지어나 잭 콘필드Jack Kornfield, 페마 코드론Pema Chödrön, 앤드루 하비Andrew Harvey의 생각? 그것도 아니라면 티베트의 작가 소걀 린포체Sogyal Rinpoche의 조언? 마지막으로 최근 나에게 큰 힘을 주었던 사람들의 방법?

이런 질문 앞에서 나는 모든 사람들이 쉽게 접근하고 받아들일 수 있는 단순한 방법을 체계화해야겠다고 느꼈다. 심리 치료사로 살아오면서 한 번도 절실히 느껴보지 않았던 문제의식이었다. 그 노력의 산물이 이 책이다.

—
방향을 알고 떠나는 여정

나는 물론 나를 찾는 환자들 그리고 이 책을 읽는 사람들에겐 한 가지 공통된 꿈이 있다. 어제의 나보다 한층 성장하고 좀더 깊이 있는 사람이 되는 것이다. 미국의 대통령 존 F. 케네디가 들려준, 자신이 가장 좋아하는 한 작가에 대한 이야기는 어제보다 나은 내가 되길 바라는 우리에게 반드시 필요하다.

"아일랜드 작가 프랭크 오코너Frank O'Connor의 이야기를 아시나요? 오코너는 그의 책에서 어린 시절 친구들과 시골에 놀러갔던 이야기를 들려줍니다. 어느 날, 오코너와 친구들은 시골의 벌판을 뛰어놀다가 높은 과수원 담벼락을 만났습니다. 아무리 보아도 넘기 힘들 것 같은 담벼락 앞에서 그들은 어떻게 했을까요? 그들은 포기하지 않았습니다. 높은 담벼락 때문에 더이상 앞으로 나아가기 힘들 거라 여긴 그들은 약속이나 한 듯이 쓰고 있던 모자를 벗어 담장 너머로 던졌습니다. 그래요, 모자를 찾기 위해서라도 어쩔 수 없이 담을 넘어야 하니까요!"[2]

앞으로 이어질 '힘든 시간을 이겨내는 10가지 방법'은 우리가 인생에서 만나는 장애물을 넘기 위해 일부러 던진 모자처럼 삶의 방향 감각을 길러줄 것이다. 지혜와 평화 그리고 긍휼의 삶을 살기 위해서는 담장 너머 떨어진 모자를 찾아야 한다. 우리는 어둠 속에서도 빛은 빛난다는 것을 그리고 그 빛을 볼 수 있는 용기와 믿음, 겸손한 마음가짐을 지녀야 한다는 것을 알아야 한다. 데이비드 브레지어가 지적했듯이, 우리는 살아가며 '용Dragon'으로 상징되는 고통과 아픔에 처하게 된다. 그 용을 우리 안으로 밀어넣고 싶을지도 모른다. 하지만 내게 주어진 짧은 생을 최선을 다해 살아가고 싶다면 용을 피해서는 안 된다. 우리가 선택해야 할 가장 가치 있는 방법은 바로 그 '용에 올라타는 것'이다.

이 책의 서두에 등장한 젊은 오르간 연주자를 떠올려보자. 그가 그랬듯이, 이 책은 우리에게 힘이 되는 그리고 도전할 만한 조언을 전할 것이다. 우리 마음에 오래도록 남아 폭풍우가 몰아치는 어지러운 상황에서도 차분함을 잃지 않게 도와줄 것이다. 주어진 삶을 충분히 즐기고 그 속에서 주변 사람들까지 치유시킬 수 있는 힘을 가져다줄 것이다. 부디 이 책이 힘든 시간을 겪고 있는 많은 사람들에게 작은 위로가 되기를 바란다.

10가지 방법 활용하기

사람들은 저마다 책에서 얻은 내용을 삶 속에 녹여내는 독특한 방법을 갖고 있다. 하지만 이 책에 담긴 방법을 활용하기 위해서는 조금 색다른 접근이 필요하다.

- 마음을 열고 매일같이 읽기
- 주요 인용구와 이야기를 마음속에 새기기
- 끊임없이 반복적으로 공부하기
- 명상을 통해 각각의 방법을 마음에 간직하기
- 일상의 삶 속에 녹여내기
- 내 안의 영혼을 위해 믿음의 동역자들과 대화하기
- 의심과 실패를 만나도 믿음을 잃지 않기

- 마음을 열고 매일같이 읽기

'힘든 시간을 이겨내는 10가지 방법'을 배우고 삶에 적용하는 데 있어 내가 해줄 수 있는 최고의 조언은 10가지 방법의 힘을 무시하지 말라는 것이다. 책에 나오는 짧은 방법들을 매일매일 조금씩 시간을 내어 '열린' 마음으로 읽고 되새기다보면 균형잡힌 시각과 열정, 희망이 생겨날 것이다. 우리의 인격적 성숙을 방해하는 수많은 부정적인 집착과 습관도 줄어들 것이다. 궁극적으로 세상을 바라보는 균형잡힌 시각과 내면의 평화, 희망으로 가득 찬 마음을 갖게 될 것이고, 삶에 대한 흥미와 열정도 회복될 것이다. 살아가면서 어쩔 수 없이 찾아오는 극심한 고통의 순간에도 말이다.

• 주요 인용구와 이야기를 마음속에 새기기

"인용이 많은 책을 읽는 것은 좋은 일입니다. 좋은 말들이 기억 속에 각인되면 좋은 생각을 할 수 있거든요."

윈스턴 처칠Winston Churchill의 말이다. 이 책에 실린 인용구와 사례는 한 번 훑어보고 스쳐 지나가는 이야기가 아니라 마음속에 항상 가지고 다녀야 할 조언들이다. 얼핏 평범해 보이는 인용과 이야기들이 우리가 인생에서 마주치는 모든 것들을 새롭게 바라보게 하고, 결국 우리의 삶에 커다란 변화를 이끌어낼 거라 확신한다.

• 끊임없이 반복적으로 공부하기

책은 각 장별로 하나의 방법으로 이루어져 있다. 그동안 쉽게 접하지 못한 생소한 방법이 되겠지만, 반복적으로 공부하다보면 삶을 윤택하게 해줄 것이다. 마치 공부하듯이 각 장의 방법을 반복해서 읽어보자. 노트에 방법을 직접 적어보며 마음속에 되새겨보자. 그리고 사람들과의 대화에서 한 번쯤 사용해보자.

- 명상을 통해 각 방법을 마음에 간직하기

주요 인용구와 사례, 방법을 읽은 뒤에는 매일 명상의 시간을 갖자. 시간이 없다는 핑계는 대지 말자. 이른 아침에 20분 정도의 시간만 내도 충분하다. 그럴 시간조차 없다면 단 2분만이라도 명상의 시간을 갖다보면 매일같이 '바쁘다, 정신없다'를 남발하던 당신의 삶이 어느 순간 규칙적인 리듬을 갖게 될 것이다. 당신은 스스로 삶의 중심을 잡게 될 것이다.

- 일상의 삶 속에 녹여내기

일상의 삶 속에서 인용구와 사례, 방법 그리고 명상을 녹여낼 수 있는 순간을 찾자. 삶 속에서 응용되지 않는 지식은 아무 소용이 없다. 이 책을 읽는 동안 중요하다고 생각했던 방법을 가족과 친구, 직장 동료, 새롭게 만나는 사람들과 연습해보자. 마치 오래전부터 그 방법이 당신의 내면에 녹아 있는 듯 실천해보자.

- 내 안의 영혼을 위해 믿음의 동역자들과 대화하기

신앙이 있는 사람이라면 함께 종교생활을 영위하는 믿음의 사람들과 정기적인 만남을 갖고 이 책을 함께 읽고 서로의 생각을 나눠보자. 믿음 안에서 좋은 동역자를 만나는 것만큼 좋은 것은 없다. 그들은 우리의 믿음을 굳건하게 해준다. 나와 생각이 다른 사람과의 독서와 나눔도 도움이 된다. 나와 다른 견해를 가진 사람들을 통해 우리가 미처 생각하지 못한 중요한 부분을 파악하게 되고, 개인적 상황에 따라 특정 관점을 지나치게 받아들이는 자신을 발견할 수 있다. 간혹 누군가는 무언가를 권유할 것이고 누군가는 조금은 성가시게 굴 것이다. 너무 예언적이거나 진지한 목소리를 지닌 사람들도 있을 것이다. 그래도 모여야 한다. 서로의 생각을 나눠야 한다.

• 의심과 실패를 만나도 믿음을 잃지 않기

　영혼의 존재를 믿는 사람이라면 누구나 의심과 실패를 반복하게 된다. "하늘은 스스로 돕는 자를 돕는다" "겨자 씨 한 알만한 믿음이라도 있다면 너희가 못할 일은 하나도 없을 것이다"와 같은 말을 떠올려보자. 앞으로 배우게 될 방법을 통해서도 알게 되겠지만 의심과 실패를 이겨내는 일은 그리 중요하지 않다. 그것을 통해 '배움'을 얻는 일이 중요하다. 의심과 실패는 우리를 힘들게 하는 원인이 무엇인지 찾게 해주고, 영혼을 지탱시켜주는 '겸손함'을 잊지 않게 해준다. 의심과 실패의 반복을 통해 우리는 삶의 매 순간마다 마음을 열고 나아갈 수 있다.

• 마지막 한마디

혹시 이 일곱 가지 조언들이 부담스러운가? 그렇다면 지금쯤 책을 덮고 내려놓아도 좋다. 나에게 최선이라 여겨지는 방식을 따르기로 하자. 하지만 이것 역시 잊지 말자. 앞으로 이 책에서 다룰 방법들은 당신이 이미 실천하고 있는 삶의 방식이며, 그것을 잘 실천할 수 있는 수단을 다시 확인시켜주는 일이라는 것을.

잔가지는
신중하게,
자주 쳐주자

우리의 삶이 어려움에 처했을 때 가장 먼저 해야 할 일은 '잔가지'를 치는 것이다. 사람들은 현대인이 지극히 이기적이라고 혀를 찬다. 하지만 내 생각은 다르다. 나는 현대인들이 결코 자기중심적이라고 생각하지 않는다. 내 경험에 의하면 오히려 반대이다.

가족과 직장 동료, 친구, 늘 오가며 마주하는 사람들……. 우리가 이들에게 전할 수 있는 가장 큰 선물 중 하나는 마음의 평화이다. 하지만 우리는 도움이 필요한 곳에 삶의 초점을 맞추는 것에 실패하고, 동시에 적당한 선을 지키지 못한 채 무작정 도움을 퍼주는 잘못을 반복하고 만다. '초점'과 '절제'를 잃은, 그래서 본래의 의도에서 벗어난 도움은 불안과 의무감, 죄책감에 휩싸이고 만다(나는 이를 '초자아 연민'이라고 부른다). 우리가 바라는 진정한 도움은 진실한 마음가짐으로부터 나오는 친절, 즉 '자아 연민'이어야 한다.

1985년, 나는 일과 삶을 되돌아보기 위해 당시 하버드 대학에서 강의를 하고 있던 헨리 나우웬을 찾아갔다. 우리는 그의 주방에 앉아 당시 내가 쓰고 있던 책 『타인을 위한 여유』에 대해 이야기를 나눴다. 영감이 가득하면서도 현실의 문제를 중요시했던 헨리 나우웬은 『타인을 위한 여유』가 갖고 있는 중요성과 위험성을 놓치지 않았다.

"성경에 내가 강조하고 싶은 것을 담고 있는 구절이 있어요. 가지치기! 그래요, 그거예요. 여기에서 가지치기란 단순히 가지를 잘라내는 것만을 의미하지 않아요. 올바르게 잔가지를 잘 쳐내고, 그 자리에 활짝 피어나는 꽃까지 아우르는 것이랍니다."

헨리 나우웬과의 기쁜 만남을 뒤로하고 일상으로 돌아온 나는 '가지치기'라는 말을 오래도록 품고 있었다. 우리의 마음속 깊은 어딘가에서 우러나오는 동기와 성향은 반드시 가지치기를 필요로 한다. 지금 내가 짊어지고 있는 삶의 짐이 충분히 짊어질 수 있는 것인지, 아니면 거절하는 게 나은 것인지 분별할 수 있는 또렷한 안목은 잔가지를 쳐낼 때 생기는 법이다. 가지치기는 도움을 주는 사람은 물론 도움을 필요로 하는 사람에게도 반드시 필요하다. 우리는 다른 사람들이 나에게 거는 비현실적인 기대를 민감하게 의식해야 한다. 다른 사람을 돕겠다는 우리의 진심 어린 노력이 얼마나 쉽게 왜곡될 수 있는지 깨달아야 한다.

언젠가 매일 밤 노숙자들을 위해 샌드위치를 만들어 나눠주는 목사에 대한 이야기를 들은 적이 있다. 그는 도시의 빈곤 지역을 돌며 샌드위치를 나누어주었다. 자신의 삶만으로도 버거운 일상 속에서 그는 밤마다 샌드위치를 만드는 일을 포기하지 않았다. 그는 죄책감이나 의무감, 누군가의 압력에 의해 샌드위치를 만든 것이 아니었다. 그저 자신이 설정한 삶의 변화라는 방향에 맞춰 마음을 열고 나눔을 실천했을 뿐이다. 그래서 노숙자들이 샌드위치를 거절해도 화가 나지 않았고 상처를 받지도 않았다. 이유는 하나. 누군가로부터 인정을 받기 위해 샌드위치를 나누지 않았기 때문이다.

어느덧 사람들의 입소문을 통해 그의 선행이 언론에도 알려졌고 책으로 출간되기에 이르렀다. 그는 유명인사가 되어 있었다. 그의 나눔을 돕겠다며 동료 목회자는 물론 많은 사람들이 기부금을 보내왔다. 하지만 그때마다 그는 모든 기부금을 한 줄의 편지와 함께 도로 돌려보냈다. "여러분, 자신만의 샌드위치를 만드세요!"

그는 자신의 본분을 잘 알고 있던 사람이었다. 자신을 향한 다른 사람의 필요와 기대, 반응과 칭찬 그리고 누군가로부터 인정받는 기쁨에 흔들리지 않았다. 사람은 누구나 사랑과 존경을 받고 싶어한다. 그러나 가난한 사람들에게 샌드위치를 나누는 그 목사는 늘 자신에게 이런 질문을 던진 듯하다. '다른 사람의 인정을 받는

다는 건 무엇일까? 다른 사람의 인정을 받기 위해 우리의 영혼이

치러야 하는 노력의 대가는 누가 지불하는 것일까?'

우리는 알아야 한다. 우리가 아무리 최선을 다해 누군가를 도

와줘도 그 사람을 완전히 만족시킬 수 없다는 것을. 우리 주변에는

도움을 필요로 하는 사람들로 넘쳐난다. 그렇다고 그들의 요구를

모두 들어줄 수는 없다.

무언가를 베풀수록 사람들은 오히려 만족을 느끼지 못한다. 더

좋은 부모, 더 좋은 자녀, 더 좋은 의사, 더 좋은 친구, 더 좋은 자원

봉사자가 되려 할수록 그만큼 죄책감을 느끼는 것은 이 때문이다.

누군가를 돕고 싶은가? 그렇다면 누군가를 돕기에 앞서 충분한 시

간을 갖고 삶의 중심을 찾아야 한다. 이 세상에 우리가 존재하는 이

유는 무엇인지, 우리에게 주어진 소명은 무엇인지를 돌아보아야 한

다. 자신이 존재하는 이유를 찾지 못한 사람은 언제나 다른 사람의

말과 행동에 쉽게 흔들리고, 급기야 그들의 먹잇감이 되고 만다. 아

무런 보상을 바라지 않고 착한 일을 하고자 했을 뿐인데 잘하지 못

했다는 죄책감에 시달리고, 다른 사람들의 반응에 신경쓰는 왜곡된

책임감에 휘둘리게 된다. 결국 마음을 주는 사람도 그것을 받는 사

람도 내면의 평화를 누리지 못하게 된다. 그 결과 진정 도움이 필요

한 순간이 찾아올 때 우리는 지친 나머지 뒷걸음질치고 만다.

서점에 나와 있는 많은 베스트셀러들의 공통점 중 하나는 너무 지쳐 기진맥진해진 사람들에게 삶을 단순하게 바라보고 행동하라는 해결책을 제시하는 것이다. 좋은 얘기다. 외부 환경을 상황에 따라 알맞게 손질하는 것은 분명 도움이 된다. 그러나 중요한 것은 내 영혼과 마음을 단순화시키는 일, 바로 잔가지를 쳐내는 것이다. 심리 치료나 멘토링, 영적 상담은 공통적으로 영혼과 마음에 가지를 치는 연습을 권유한다. 무언가에 압도되는 느낌을 받을 때 심리적, 영적으로 한 걸음 물러나라는 것이다. 한 걸음 뒤로 물러나는 자세 속에서 우리는 자신의 마음을 불편하게 만드는 동기와 두려움, 기대, 습관을 찾을 수 있다.

물론 앞으로 나아가는 게 정답이라 믿는 세상 원리 속에서 한 걸음 뒤로 물러서는 게 쉬운 것만은 아니다. 잠시 숨을 고르고 뒤로 물러나 지금까지 해온 일을 되돌아보다가 다른 사람의 반응을 걱정하게 되고 거절을 당하지 않을까 두려울 수도 있다. 자신의 행동이 이기적이었던 건 아닐까,라는 자책감에 스스로를 돌아보는 걸 주저할 수도 있다. 그러나 잠시나마 시간을 갖고 조용히 스스로에게 질문을 던지면 어긋났던 일이 선명해지고 무엇이 잘못되었는지 바로잡을 수 있을 것이다.

몇 해 전, 〈게이 번 아워The Gay Byrne Hour〉라는 아일랜드의 인기 텔레비전 쇼에서 크리스마스이브에 더블린 중심가에 자리한 그 래프튼 가에서 생방송을 한 적이 있었다. 방송의 진행자는 크리스 마스 분위기를 만끽하며 거리를 오가는 사람들을 불러 세워 노래 를 시키거나 사연을 들으며 이야기를 나눴다. 그날, 한 젊은 여자 가 쇼에 나가자며 친구를 설득해 그래프튼 가를 찾아갔다. 그녀는 생방송에서 자신의 아름다운 목소리를 들려주고 싶었다. 앞으로 자신에게 무슨 일이 일어날지 꿈에도 모른 채.

그녀는 친구와 그래프튼 가에 도착했고, 놀랍게도 수많은 사람 들 가운데 뽑혀 이야기나 노래를 들려 달라는 기분좋은 제의를 받 았다. 그녀는 기쁜 마음으로 〈거룩한 밤Oh Holy Night〉을 불렀다. 놀 랍게도 그녀가 노래를 부르는 동안 그래프튼 가는 서서히 고요해졌 다. 노래를 부르는 그녀는 마치 천사 같았다. 그날 생방송을 지켜보 던 아일랜드에 사는 한 지인은 아일랜드 전체가 고요해지는 느낌 을 받았다고 전했다. 그녀도, 그녀를 바라보던 사람들도 전혀 기대 하지 않았다. 그러나 그녀의 목소리에 어우러진 노랫말, 그 안에서 고요히 가라앉은 거리의 풍경은 예기치 못했던 기적을 만들어냈다. 그녀 역시 자신의 노래가 엄청난 영향을 끼치리라고 생각하지 못했 다. 샌드위치를 만들어 가난한 사람들에게 나눠주던 목사처럼, 그 녀에게는 자신의 목소리를 나누는 일이 '나눔'을 실천하는 그녀만의 방식이었다. 나눔이라는 행위 자체가 스스로에게 기쁨이었다.

만약 다른 사람들이 나에게 거는 비현실적인 기대를 잔가지 치
듯 쳐낼 수 있다면 우리는 지나친 스트레스를 받지 않고 남에게 내
가 가진 선물을 나눠줄 수 있을 것이다. 나눔은 그 결과가 어떻든
간에 반드시 보상을 받기 마련이다. 물론 세상은 겉으로 드러난 업
적을 중시한다. 다른 사람에게 어떻게 보이는지 고려하지 않고 살
기란 어려운 일이다. 그럼에도 불구하고 나는 성공과 칭찬을 구하
는 욕심을 잠시 제쳐두라고 말하고 싶다. 그 순간, 그동안 미처 누
리지 못했던 기쁨을 느끼게 되고, 다른 사람들에게 그 기쁨을 전할
수 있다.

미국의 어느 국립묘지에서 한 장군의 비석을 보던 날이 생각난
다. 비석에는 그가 참여했던 전투와 업적이 낱낱이 기록되어 있었
다. 하지만 내 가슴속에 남은 건 그의 비석이 아닌 바로 옆에 함께
세워진 아내를 위한 비석이었다. 스물한 살 꽃다운 나이로 세상을
떠난 아내의 작은 비석에는 이렇게 적혀 있었다.

그녀가 가는 모든 곳에는,
꽃이 폈다.

헨리 나우윈이 말했듯이 잔가지를 쳐내면 우리는 결국 아름답게 만발한 꽃을 얻게 된다. 마음과 영혼의 가지치기를 통해 우리는 사람들에게 어떤 꽃을 선물할 수 있을지 또렷하게 알 수 있다. 스스로에게 혹은 다른 사람이 우리에게 지나치게 기대할 때에도 한 걸음 뒤로 물러나 잠시 쉴 수 있는 여유가 생길 것이다. 가지치기라는 첫번째 방법은 자신의 목표를 명확히 설정하고 나눔의 균형을 잃지 않을 때 비로소 의미를 갖는다. 아무리 노력해도 하고 있는 일이 만족스럽지 않다면 삶의 가지를 쳐내기로 하자. 모든 일에 앞서 잠시 한 걸음 뒤로 물러나보자. 내가 왜 그에게 나눠주고자 했는지, 왜 그 사람을 돕고자 했는지, 그 시작의 동기는 무엇이었는지를 되돌아보자.

나만의
회복 방법을
찾자

미국을 강타한 9.11 참사에 혼신을 다해 봉사한 사람들과 이야기를 나눈 적이 있었다. 안타깝게도 그들의 얼굴에는 알 수 없는 공허함이 가득했다. 그런 표정은 예전에도 본 적이 있었다. 캄보디아의 사회복지단체 직원들을 인터뷰하기 위해 그곳을 두 번 방문했을 때였다. 사회복지단체에서 봉사하는 직원들은 한결같이 고문과 공포 속에서 고통받은 크메르족을 돕느라 진이 빠져 있었다. 일부는 자신이 충분히 도움을 주지 못한다는 죄책감에 휩싸여 쉬는 것도 잊고 일에 매진하고 있었다.

참혹한 재앙이 반복된 르완다와 앙골라에서 무사히 미국으로 돌아온 구조대원들의 얼굴에서도 같은 감정을 느낄 수 있었다. 재난에서 살아남은 생존자들이 그렇듯이 그들은 정상적인 일상으로 돌아오게 된 것을 행운이라 여기면서 동시에 죄책감을 느끼고 있었다. 문제는 여기에서 끝나는 게 아니다. 비극의 현장에 누군가를 남겨두고 왔다는, 그곳에서 자신이 해야 할 일을 온전히 마무리하지 못했다는 죄책감과 좌절, 공허함을 토로하는 그들의 고백을 들으며 나 역시 서서히 부정적인 감정에 빠져들었다.

'이제 나는 어떡하지? 나는 그저 듣고 있을 뿐인데. 이게 무슨 도움이 될까?'

그들과 대화를 하는 동안 나에게도 같은 부정적인 감정의 변화가 일어나고 있다는 사실을 알게 된 순간, 나는 한 걸음 뒤로 물러나 상황을 바라보려 애썼다. 그리고 깨달았다. 캄보디아에서, 르완다에서 그리고 앙골라에서 돌아온 그들에게는 자신의 이야기를 들어줄 사람이 있다는 사실만으로도 소중한 선물이 될 수 있다는 것을. 그 결과, 부정적인 감정에 빠져들던 나 자신도 수렁에서 헤어날 수 있었다. 그 경험 이후, 나는 부정적인 마음이 찾아올 때면 나만의 '안전구역'에 들어가 상황을 초연하게 바라보려 한다. 힘든 시간을 보내고 있는 사람들에게 내 삶을 나누고 기왕이면 즐겁게 대하려 한다. 정작 다른 사람의 이야기를 들어주는 사람이 진이 다 빠져버린다면 대체 무슨 도움을 줄 수 있겠는가?

때론 일터에서 받는 스트레스는 개인적인 스트레스와 뒤섞여 나타난다. 그러한 일이 반복되면 심리적으로나 영적으로 주저앉게 된다. 한번은 몇 주간의 바쁜 일정을 마치고 일상에서 살짝 물러나 스트레스를 해소하기로 했다. 언제나 약속 장소에 조금 일찍 도착하는 것을 고수하는 나였지만, 오전의 스케줄을 모두 뒤로 미루고 늦잠을 자기로 했다. 그러나 계획과 달리 이른 아침부터 울려오는 전화벨 소리에 평상시보다 일찍 잠에서 깨야 했다. 나는 잠이 덜 깬 상태로 수화기 너머 누군가에게 도대체 무슨 말을 하는지 알아들을 수 없다고 투덜거렸다. 전화를 걸어온 여자는 자신이 내 단잠을 깨웠다는 사실을 알고 이렇게 이야기했다.

"어제 여기 메릴랜드에 거대한 토네이도가 강타했어요. 자매였던 두 명의 대학생이 죽고 그들 아버지도 심각한 부상을 입었어요."

"그렇군요. 그런데 그 일로 왜 내게 전화를 했는지 모르겠네요."

"그게 말이죠. 두 젊은 학생이 선생님의 아내가 가르쳤던 여자의 딸이래요."

그리하여 그날부터 몇 주간 내게는 또하나의 일이 부여되었다.

그날 오전 늦게 학교에 도착하자 메일이 한 통 와 있었다. 펜타곤에 살고 있다는 발신자는 9.11 참사 이후 동료들이 후유증에 시달리고 있다며 도움을 청해왔다. 그리고 메일을 확인하자마자 한 사람이 연구실로 찾아와 테러로 인해 백악관 직원들이 위협받고 있다고 말했다. 일은 여기에서 그치지 않았다. 잠깐 사이에 갑자기 휘몰아친 일들을 생각하며 잠시 쉬고 있는데 전화벨이 울렸다. 아내의 여동생이 세상을 떠났다는 비보를 알리는 전화였다. 우리 가

족에서 중심적인 역할을 지탱해주었던 처제는 뉴욕에서 숨을 거뒀
다. 몇 시간 뒤 우리는 뉴욕으로 향해야 했다.

숨가쁘게 들이닥친 사건들을 놓고 처음 든 생각은 "더이상 다
른 일이 일어나기 전에 집으로 돌아가야지!"였다. 뉴욕에 가기 전,
나는 자리를 비우는 동안 해야 할 일을 처리하고 다른 사람에게 인
계한 뒤 차에 몸을 실었다. 그런데 바로 그때, 내 차 옆에 정차중인
차에서 망연자실한 채로 흐느끼는 학생을 보았다. 뉴질랜드에서
미국으로 유학을 왔다는 여학생은 아버지께서 곧 운명하실 것 같
다는 연락을 받았다고 했다. 충격과 혼란에 휩싸인 그녀는 지금 바
로 장장 20시간의 비행을 해서 아버지께 가야 할지 아니면 기다려
야 할지 망설이고 있었다.

학생과 잠시 고민을 나누고 몇 마디 위로의 말을 남긴 뒤 집으
로 돌아가기 위해 차에 올랐다. 하지만 얼마 되지 않아 뉴욕으로
가는 여정이 만만치 않겠다는 것을 직감했다. 다리와 터널 입구에
서 정부 관계자들이 자가용을 막고 무작위로 검사를 하고 있었던
것이다. 테러에 이은 폭탄 위협 때문이었다. 뉴욕으로 들어가는 문
턱의 교통은 몇 시간째 마비되었고, 결국 우리는 기차를 이용하기
로 했다.

나는 처제의 장례식장에서 월드 트레이드 센터WTC에서 안전

을 책임지고 구조요원으로 활동한 분들의 가족들과 대화를 나눌
기회를 가졌다. 가슴 저미는 감동적인 이야기가 줄을 이었다. 그때
조카가 수색견에 관한 이야기를 들려주었다.

"개들에게 문제가 있었어요."

"무슨 일이었는데?"

"개들이 여기저기를 찾다가 생존자를 찾지 못하자 슬퍼했어요.
사람들이 주는 물도 마시지 않았어요. 결국 현장에서 떨어진 곳으로
옮겨야 했어요. 정맥주사로 영양을 공급해줄 수 있는 곳으로요."

"개들을 어디로 대피시켰는데?" 나의 반응이었다.

솔직히 말해서 슬픔에 휩싸인 나머지 개들이 어디로 갔는지에
대해 관심이 없었다. 그러나 아이의 이야기를 듣는 동안 내 영혼이
서서히 어둠 속으로 빠져들고 있음을 느낄 수 있었다. 한없이 어둠
속으로 '미끄러져 내려가는(다음 장의 주제이다)' 나를 붙잡기 위
해 '어디로 대피시켰는데?'라는 형식적인 질문을 던질 수밖에 없
었다. 슬픈 이야기를 듣는 동안 지나치게 감정적으로 반응하거나
슬픔에 압도당하지 않기 위해서였다.

일주일 후 집으로 돌아오니 토론토에서 한 통의 전화가 걸려왔
다. 전화를 건 사람은 자신을 권위 있는 교육위원회의 위원장이라
고 소개한 뒤 말을 이어나갔다.

"내일 행사에 연설을 해줄 분의 오빠가 방금 세상을 떠났습니다."

처음 든 생각은 이랬다. '그게 나랑 무슨 상관이지?'

하지만 나는 물었다. "제게 왜 그 소식을 전하시는지 감이 오지 않네요."

"그러니까 내일 선생님께서 그분을 대신해 에어 캐나다 공연장에서 1천 명의 교육자를 대상으로 기조연설을 해주셨으면 해서요." 그렇게 나는 토론토로 날아갔다.

다시 일주일 뒤, 이번에는 이틀간에 걸친 워크숍을 진행하기 위해 오클라호마 주로 갔다. 도착하자마자 워크숍의 기획자들은 나를 오클라호마시티 연방정부청사 폭파 사건 희생자 추모 기념관으로 데리고 갔다1995년 4월 19일 오전 9시 5분, 미국 중부 오클라호마 주의 주도 오클라호마시티 중심가에 있는 알프레드 머라 빌딩에서 폭탄 테러 사건이 일어났다. 9층짜리인 이 건물에는 마약단속국 등 미국 연방정부의 각 기관 사무실과 탁아소 등이 있었다. 이 폭발로 건물은 완전히 파괴되었다. 공무원들이 출근한 시간에, 탁아소가 있는 건물을 택했다는 점 등에 많은 사람들이 분노와 슬픔을 금치 못했다. 범인으로 붙잡힌 티머시 맥베이(당시 26세)는 사건 발생 90분 후 사고 현장에서 100킬로미터 떨어진 거리에서 과속으로 달리던 중 속도위반으로 순찰대의 검문을 받았다. 구금된 맥베이는 보석금으로 풀려날 수도 있었지만 담당 판사가 부재중이었기 때문에 하루 더 구금되어 있었다. 그 과정에서 검문 경찰관이 맥베이를 알아보고 검거했다. 맥베이는 사건 발생 2년 전 텍사스에서 집단자살한 사교집단 다

윗파에 대한 연방정부의 불만족스러운 처리 때문에 범행을 저질렀다고 밝혔다. 이 사건으로 168명이 죽고, 600여 명이 부상당했다.

기념관에는 희생자 한 사람마다 투명한 합성수지로 만든 의자가 마련되어 있었다. 나는 멍하니 의자들을 바라보다가 다른 의자보다 크기가 작은 의자들을 발견했다. 나와 함께 있던 여자는 작은 의자는 아이들을 위한 거라고 설명해주었다. 좀더 가까이 다가가니 비탄에 잠긴 유가족들이 가져다놓은 봉제인형도 볼 수 있었다. 나는 또다시 끝없는 슬픔의 나락으로 미끄러지는 것 같았다.

가끔은 내 삶을 생각하고, 또한 내게 자문과 상담을 받으러 오는 전문 봉사자들과 심리 치료사들을 생각하다가 이런 이미지가 마음속에 떠오르기도 한다. 한 사람이 수심이 귀 밑까지 차 있는 수영장에 서 있는 모습이 그것이다. 이름 모를 그 사람은 그곳에 서서 다이빙대에서 포탄처럼 뛰어내릴 준비를 마친 사람들을 바라본다. 그들은 그를 물에 빠뜨리려고 할 것이다.

이렇듯 우리는 구체적으로 찾아오는 위기와 하루하루의 스트레스를 상대해야 한다. 비록 우리가 9.11 참사 현장에서 희생자의 팔과 머리를 수색하고 동료 소방대원의 유니폼만 보아도 그가 누구인지를 알아보는 소방대원은 아니지만, 우리 모두 삶에 충격적인 트라우마를 입히는 사건을 피할 수 없다.

직장에서 겪어야 하는 스트레스는 가장 중요한 일을 최우선으로 하지 못하게 하기도 한다. 나 역시 지금까지 말한 끊임없는 일을 해결하면서도 대학에서 해야 할 일을 처리해야 했고, 가족으로서의 책임도 마다하지 않았다. 그러한 책임들은 위기가 찾아왔다고 해서 스스로 알아서 사라져주지 않는다.

2002년에는 이런 일도 있었다. 보스턴의 가톨릭 교구에서 나를 초대한 것이다. 당시 그곳의 사제들은 아동 성추문이라는 비도덕적이고 불명예스러운 일로 사기가 꺾일 대로 꺾여 있었다. 교구에서는 나를 불러 성실히 신앙생활에 임하고 있는 사제들이 이 힘든 고비를 잘 견뎌내고 이겨낼 수 있도록 도와달라고 부탁했다. 나는 이런 이야기를 들려주었다.

여러분은 결백에도 불구하고 심각한 스트레스와 의혹에 휩싸여 있습니다. 1993년 뉴욕 교구가 비슷한 위기를 겪고 있을 때 오코너 추기경은 이렇게 말씀하셨습니다.

— 일부 신부들과 주교들이 당당히 고개를 들고 다니는 게 힘들어졌습니다. 모두가 의심을 받고 있습니다. 일촉즉발의 상황입니다. 언제라도 수류탄이 터질 수 있습니다. 하나가 터지고 또 하나 그리고 계속해서…….

그렇다고 스트레스가 여러분을 위해 사라져주지 않습니다. 우리 중 많은 사람들의 부모님께서 편찮으시거나 죽음에 임박해 있을 것입니다. 자주 찾아뵙고 돌봐드려야 할 테지요. 물론 그렇게 하지 않아도 될 분들도 마음이 복잡한 상태에서 자신의 교구를 이끌어나가야 하는 건 마찬가지입니다. 이렇게 사제가 부족해 열악한 상황에서도 말입니다. 자, 우리에게 닥친 좋지 않은 상황들을 모두 합쳐 생각해봅시다. 우리는 시간을 내어야 합니다. 다시 회복하고 영혼을 단련시켜야 합니다. 그렇게 하지 않는다면 마음과 영혼이 메말라버리고 말 겁니다.

오코너 추기경의 말대로 인생을 살아가는 모든 사람에게는 커다란 문제 외에도 수많은 자잘한 골칫거리들이 있다. 서비스업에 종사하는 사람이라면 사소한 불만으로도 전화를 걸거나 편지를 써서 트집을 잡는 사람을 상대하며 이런 생각을 하게 된다. '도대체 그런 시간은 어디서 나는 거지? 할 일이 그렇게 없나?'

우리는 스트레스를 피할 수 없다. 스트레스는 불평을 동반하게 되고 곧 우리를 뒤집어 삼킨다. 하지만 자신을 보호하거나 쉽게 회복할 수 있는 방법을 가진 사람은 이내 한숨을 돌릴 수 있는 여유를 갖게 된다. 마음과 영혼은 다시 상쾌해지고 삶을 재점검하면서 좋았던 시절의 활기를 되찾게 된다.

대부분의 성인들은 가족이나 친구들과 함께할 때 안정감을 느끼며 즐거운 시간을 보낸다. 심리 치료사들은 이를 '자아를 위한 퇴행'이라고 정의한다. 아이처럼 자유롭고 즉흥적으로 살아갈 수 없고, 마구 웃고 장난칠 기회가 없는 어른들의 일상은 심리적으로 매우 위험하다. 말 한마디조차 마음껏 하지 못하고, 마치 살얼음판을 걷는 듯 행동해야 하고, 마음의 소리조차 듣지 못하는 상황 속에서 사람들은 극도의 피로감을 호소하게 된다. 따라서 우리는 나만의 회복 방법이 필요하다. 적어도 그 순간만큼은 자유롭고 평범하게 본연의 내가 될 수 있는 일을 찾아야 한다. 그런 회복의 방법이 없다면 괴로움에서 벗어날 수 없음은 물론 다른 사람을 긍휼하게 바라보는 마음도 사라지고, 급기야 사회적 무질서, 알코올 및 약물 남용, 신체적인 질병까지 불러오게 된다. 쓸데없이 직업을 바꾸고 이혼하거나 심리적 장애로까지 이어질 수도 있다.

자아自我에는 한계가 있다. 자아에 담긴 에너지는 무궁무진하지만 회복 시간을 갖지 않으면 고갈되고 만다. 안타깝게도 현대인은 스스로를 회복시킬 수 있는 일을 거의 하지 않는다. 그래서 스트레스가 또다른 스트레스를 가져오고, 더 큰 위험에 노출되며 균형잡힌 시각을 잃게 된다. 이는 자신은 물론 우리가 신경쓰고 배려해야 할 가족, 친구, 동료에게도 좋지 않은 일이다. 물론 간혹 생각지 못한 사건으로 자신이 얼마나 어리석었는지를 깨닫기도 한다. 나 또한 그런 경험이 있다. 그때의 일을 『50살 이후After Fifty』라는 책에 적은 바 있다.

몇 년 전, 가까운 친구 하나가 뇌종양으로 죽음을 눈앞에 두고 있었다. 그의 나이 이제 겨우 사십대 초반이었다. 언제나 톡톡 튀는 개성을 지녔던 친구는 투병중에도 나를 놀리며 장난을 쳤다. 심지어 죽음이 다가오고 있을 때에도 그는 멈추지 않았다. 그는 뉴욕에서 살고 있었고, 나는 결혼식에서 신랑 들러리를 한 후로 그를 거의 보지 못했다. 그가 필라델피아에 있는 병원에 입원한 후에야 그를 만날 수 있었다. 내가 병문안을 갔을 때 그는 입원한지 2주가 지난 상태였다. 나는 건강 상태에 대해 물었고, 그는 자신이 어떤 상태인지 간략하게 답했다. 그가 앓고 있는 여러 가지 증상 가운데에는 단기기억상실증도 있었다. 그에게 물었다.

— 그럼 어제 일어났던 일도 기억하지 못한다는 뜻이야?

— 응.

— 그럼 내가 어제 찾아왔었다면 넌 내가 찾아왔다는 사실도 기억하지 못한다는 거네?

— 그렇지.

나는 웃으며 그에게 말했다.

— 그렇다면 너는 내가 지난 2주 동안 매일같이 찾아와서 5시
간석 곁에 있었다는 것도 기억하지 못하겠구나?

그는 나를 바라보며 잠시 머뭇거렸다. 그러고는 활짝 웃으며 이
렇게 말했다. 하지만 그가 뭐라고 말했는지 여기에 적을 수 없
을 듯하다. 이 책은 영혼과 심리 치유에 관한 책이니까. 어쨌건
우리는 그 일 덕분에 한바탕 크게 웃었다.

무엇보다 나를 놀라게 한 것은 그의 질문이었다. 그의 질문을
통해 나는 지금 하고 있는 일들과 나 자신을 균형 있게 바라볼 수
있었다.

그는 물었다. "지금은 무슨 일을 하고 있어?"

내가 최근의 학술적 업적을 목록별로 나열하자 그는 이야기 도
중에 끼어들었다.

"아니, 그런 거 말고, 내가 궁금한 건 진짜 그냥 좋은 일로 뭘 했
느냐고. 마지막으로 낚시를 간 건 언제야? 최근에는 어떤 박물관
에 갔어? 지난달에 본 재미있는 영화는 뭐야?"

그가 세상을 떠나기 전 마지막으로 내게 건넸던 그 '좋은 일들'
은 그에게 없던 건강을 가진 내 생각과는 달랐다. 물론 그의 질문
앞에서 느꼈던 부끄러움이 내게만 해당되는 건 아닐 것이다.

—

삶이 가져다주는

영적 · 심리적 오아시스를 보고 즐기자

낙타는 참 대단한 동물이다. 그들은 등 위에 짐을 싣고 물도 없
는 사막을 며칠씩 걸어 다닌다. 아주 무거운 짐도 너끈히 나를 수
있다. 그러나 이렇게 놀랍도록 튼튼한 낙타마저도 어느 시점이 오
면 물이 필요하고 잠시 쉬어야 한다. 그렇지 않으면 그들조차 바싹
말라 쓰러지고 심하면 목숨을 잃을 수 있다. 사람도 그렇다. 아무
리 강인한 사람일지라도 바싹 마른 사막 같은 삶 속에서 한줄기 오
아시스를 찾아 잠시 회복하는 시간을 가져야 한다.

문제는 사막을 횡단하는 낙타처럼 최악의 상황 속에서도 도움
을 필요로 하는 사람들과 치유의 여정을 떠나야 하는 심리 치료사
들이다. 그들은 영혼의 사막을 앞장서서 걸음으로써 환자들의 어
깨에 얹힌 짐을 덜어준다. 그러나 정작 그 힘든 여정 속에서 자신
들은 충분한 휴식과 치유의 시간을 갖지 못한다.

사막과 낙타. 나는 이 절묘한 비유가 다른 사람을 치유하되, 정
작 나를 찾아와 치료와 멘토링을 받는 전문 봉사자들과 심리 치료
사들에게 좋은 가르침이 되리라 생각한다. 나 역시 스트레스를 받
거나 성장을 위한 도전 앞에서 길을 잃지 않기 위해 이 비유를 떠
올린다. 인생의 커다란 위기에 처한 사람들과 일하는 동안 나는 의

사와 간호사, 교육자나 심리 치료사, 구조대원과 목회자들을 자주 만났다. 그들 모두 무심함과 지나친 관심, 그 사이에서 아슬아슬하게 외줄타기를 하고 있었다. 어떤 목사님은 자신에게 주어진 책임감에 대해 이렇게 말했다.

"나는 밤새 사람들과 걷습니다."

전문 봉사자들과 심리 치료사들이 직업적 혹은 개인적인 스트레스와 트라우마 그리고 불안으로부터 살아남기 위해서는 하루빨리 평화와 기쁨의 오아시스를 찾아야 한다. 그렇지 않으면 그들은 바싹 말라 지쳐버릴 것이다. 로렌스 샌더스Lawrence Sanders의 소설 『루시의 고백The Case of Lucy Bending』에서 그랬듯이 말이다.

로렌스 샌더스에 따르면 사람들은 정신과 의사들이 환자의 문제를 해결하다가 일이 주는 버거움을 견디지 못해 무너지는 거라고 믿는다고 한다. 그러나 시어도어 레빈Theodore Levin의 생각은 달랐다. 그는 정신과 의사들이 점점 생명력을 잃어가는 것을 걱정했다. 많은 정신과 의사들이 생명력이 사라진 빈 공간에 자신이 아닌, 다른 사람들을 공감하고 이해하고 치유시켜야 한다는 강박감을 채워넣고 있었다. 의사들은 외부에서 다른 사람의 삶을 돕거나 관찰하는 사람에 불과했다. 그러다 문득 깨닫는다. 정작 자신들은 진이 빠질 대로 빠져버렸다는 사실을, 자신에게 남은 건 공허함뿐이라는 사실을 말이다.

　그렇다면 어떻게 해야 이런 상황을 해소할 수 있을까? 환자들의 상황에 지나치게 몰입하지 않기 위해 그들이 할 수 있는 방법은 딱히 없다. 그저 자신만의 회복 방법과 오아시스를 계속 의식하는 수밖에 없다. 그래서 나는 사람들이 직장과 집에서 극심한 스트레스를 받을 때 자신만의 회복 방법이 있는지 확인한다. 만약 자신만의 회복 방법이 없다면 하루빨리 마련할 것을 권한다. 이렇게 말이다.

- 혼자 조용히 산책하기
- 사색과 명상을 위한 시간과 공간 갖추기
- 신앙을 회복하고 기분 전환을 위해 독서하기(일기나 존경하는 사람의 자서전 포함)
- 가볍게 운동하기(주치의가 허락한 선에서)
- 영화를 감상하거나 친구들을 만나 소리 내어 한바탕 웃기
- 정원 가꾸기
- 당신을 고무시키고 때로 놀리기도 하는 가족과 친구에게 전화하기
- 기분 전환에 좋은 새로운 일에 참여하기
- 좋아하는 음악 듣기

이처럼 균형 잡힌 시각과 생기를 되찾는 일은 많은 것을 필요로 하지 않는다. 그저 짧게라도 회복하는 시간을 마련하면 된다. 나는 켈틱 포크에 기반을 둔 '시크릿 가든'의 음악을 들으며 긴장을 풀고 영혼을 편안히 달랜다. 슬픔과 공허함, 두려움에 사로잡혀 있을 때에는 숲 속을 가볍게 산책한다.

삶의 활력을 유지하고 다른 사람을 긍휼히 여기며 삶의 모든 것에 감사하는 마음으로 살아가고 싶다면 반드시 자신만의 회복 방법을 찾아야 한다. 우리는 다른 사람과 일정한 거리를 유지해야 한다는 평범한 사실을 잊고 살아간다. 자신만의 회복 방법이 있는지 확인하지 않은 채 너무 멀리 달음질쳐간다. 그런 회복의 시간을 갖는 것을 감사히 여기지 않고 당연하게 여기거나 심지어 사치에 불과하다고 폄하한다. 그래서 미리 알았다면 피할 수 있었을 부정적인 결과를 감당하고야 만다. 우리는 지금이라도 스스로에게 매우 중요한 질문을 던져야 한다. 당신에게 의지하는 다른 사람들에게 내가 먼저 회복하는 모습을 보여야 한다. 특히 누군가를 상담하고 심리를 치유해주는 사람이라면 삶이 가져다주는 선물을 누구보다 마음껏 만끽해야 한다. 그래야 미처 예상하지 못했던 뜻밖의 일이 찾아왔을 때 기꺼이 감당할 수 있다.

실컷 웃고 휴식을 취하고, 꿈을 꾸고 미래를 그릴 수 있는 시간을 누리는 사람이 있다면 삶을 방해하는 요소는 싹을 틔우지 못할 것이다. 서로 격려하고, 서로 도전하고, 언제나 재미와 행복을 가져다주는 사람을 곁에 둔 사람도 스트레스로부터 자유로울 것이다. 반면 삶 속에 자리한 모든 공간 —직장, 집, 여가— 이 걱정과 불안, 분노나 고뇌로 가득 찬 사람이 주변에 넘쳐난다면 우리에겐 어둠이 자욱할 것이다. 긍휼은 줄어들고 삶의 기쁨을 잃게 될 것이다. 그래서 우리는 삶 속에 숨어 있는 오아시스를 찾아야 한다. 우리 자신을 위해, 나아가 자신의 삶을 치유해주길 바라는 다른 사람들을 위해 오아시스를 찾는 노력을 소홀히 해서는 안 된다. 내가 갖지 않은 것을 다른 사람과 나눌 수는 없을 테니 말이다.

지나친
감정이입을
피하자

애니 딜라드Annie Dillard는 그녀의 책 『창조적 글쓰기The Writing Life』에서 이런 말을 남겼다.

"프랑스의 노동 현장에서는 견습생이 다치거나 지쳐 있을 때 숙련공이 이렇게 말한다. '일이 몸에 배고 있다.' 삶 속에서 일상적인 스트레스의 무게가 우리를 짓누를 때마다 우리는 좌절하고 힘들어한다. 그건 바로 다른 사람을 가엾게 바라보는 삶이 우리 몸에 배어들고 있다는 증거이다."

다른 사람을 돕는 삶은 절대 쉽지 않다. 때로는 성가실 정도다. 온종일 화가 나는 일들과 말도 안 되는 부탁들로 하루를 보낸 어느 목사가 저녁식사를 위해 식탁에 앉았다. 힘든 하루에 엉망진창이 된 머리칼을 정돈하지도 못한 채로 감사기도를 드리고 저녁식사를 함께하는 손님들에게 한숨 섞인 목소리로 말했다.

"오늘 아침, 누군가 문 앞에 이런 글을 붙였을 거란 기분이 듭니다. '정신 나간 사람이라면 어서 들어오세요. 바로 이곳입니다!'"

때때로 상황은 최악으로 치닫는다. 가족이나 동료에게 좋지 않은 일이 생길 때 우리는 그들이 느끼는 공허함과 두려움, 나약함, 절망을 함께하게 된다. 그들의 상황에 신경쓰거나 관심 갖는 그 이상의 감정에 휩싸이게 된다. 우리가 아무리 전문적으로 준비된 사람이라 하더라도 사람들과 관계를 맺으며 살아가는 삶 속에서 부딪치는 고통과 상처에 대해서는 면역력을 갖고 있지 않다. 전문가라고 불리는 나 또한 종종 그런 실수를 범한다.

1994년, 나는 피로 얼룩진 르완다 내전에서 살아남은 구조대원들과 인터뷰를 했다. 그들은 자신들이 겪었던 참혹한 경험을 공유했다. 가슴에 맺힌 이야기를 누군가에게 털어놓을 수 있다는 것을 다행으로 여기는 듯했다. 그들은 내전에서 겪었던 세세한 이야기와 속에 담고 있던 감정을 설명해나갔다. 그들이 느꼈던 공허함과 죄책감, 이질감 그리고 감정의 분출들이 우리의 대화를 지배했다.

나는 그들 한 명 한 명에게 앞으로 일어날 일들을 짐작해서 적어보라고 했다(가령 불면증이나 다른 사람과 관계를 맺는 것의 어려움 또는 플래시백 같은). 그리고 그들이 겪은 경험을 받아들이도록 도움이 될 만한 자료를 나눠주었다. 모든 게 내 계획대로 진행되고 있었다. 하지만 바로 그 순간, 내 모든 경험을 송두리째 바꿔버릴 만한 사건이 마지막 인터뷰에서 일어났다.

마지막 인터뷰에 참여한 구조대원은 후토족들이 그들의 적인 투치족을 강간하고 죽이고 시신을 훼손시킨 이야기를 했다. 그 이야기를 들으며 나는 겉으로 아무렇지 않은 듯했지만 손가락 마디가 하얘질 정도로 주먹을 꽉 쥐고 있었다. 인터뷰를 마치고, 나는 심리의 역전이(환자를 대하는 심리 치료자의 감정과 태도에 나타나는 요소. 심리 치료자의 과거의 경험이 현재 상황으로 전이되는 현상을 말한다.) 검토 시간을 가졌다. 그날뿐만 아니라 거의 모든 인터뷰를 마칠 때마다 나는 스스로에게 질문을 던지고 내 감정을 파악한다. 나를 슬프게 한 게 뭐지? 뭐가 나를 압도한 거지? 나를 성적으로 흥분하게 한 것은? 무엇이 나를 극도로 행복하게 또는 혼란스럽게 한 거지? 각각의 질문에 대한 답을 구하며 나는 잔인하리만큼 스스로에게 정직해지고 내 감정의 맥박을 짚어나간다.

처음 불현듯 떠오른 일은 구조대원들을 인터뷰하는 내내 내가 의자를 두 손으로 꽉 잡고 있었다는 사실이었다. "의자를 꽉 움켜잡고 무슨 감정을 느꼈던 거지? 내가 왜 그랬지?" 나는 그들의 참혹한 이야기가 내 방어태세를 깨버리고, 일시적으로 그들과 안정적인 거리를 유지하는 감각을 파괴했다는 사실을 깨달았다. 그들이 보고 겪은 잔인한 죽음에 내가 더 겁이 났고, 그 어둠의 소용돌이에 휘말려 들어갈 것 같아 의자를 부여잡아야 했던 것이다.

그렇게 사실을 깨닫고 나니 고통과 두려움, 불안이 사라져갔다. 나는 역전이 검토와 신학적 성찰을 이어갔다. 이는 심리 치료사와 목사들이 주로 사용하는 방법으로, 환자들과 상담을 마치고 불필요한 어둠으로 미끄러지는 일을 막아주고, 그날 일어났던 일을 통해 배움을 얻게 해준다. 심리 치료사와 상담자들은 역전이 검토를 통해 환자를 치료하는 동안 자신이 어떤 마음으로 인터뷰에 응했는지 살필 수 있다. 어렵고 힘든 대화를 통해 내 안에 어떤 왜곡된 생각이나 신념이 생긴 건 아닌지 알게 된다.

목사에게 신학적 성찰이란 그날 하루를 영적으로 되새기는 일과 같다. 그 성찰의 과정에서 그들은 하루 끝에 멈춰 서서 삶을 찬찬히 돌아본다. 이 역시 역전이 검토와 마찬가지로 불필요한 어둠으로 미끄러지지 않도록 해주고, 어렵고 힘든 사건들을 통해 배움을 얻게 해준다. 신학적 성찰의 과정은 다음의 단계를 따른다. 물론 개인의 특성과 필요에 따라 수정할 수 있다.

• 오늘 하루 동안 일어난 일 가운데 가장 두드러진 사건을 뽑아보기

- 그 사건에 깊이 들어가 무슨 일이 일어났는지(대상), 나

  는 어떤 감정을 느꼈는지 설명해보기(주체)

- 나에게 주어진 일을 그만두고 싶은 충동과 다른 사람이

  나 자신을 탓하고 싶은 유혹을 피하려 노력하기. 대신 자

  신의 약점, 필요, 중독, 두려움, 불안, 걱정, 욕망 등을

  통해 무엇을 배울 수 있는지 연구해보기

- 나의 신앙에 비춰 철학, 윤리, 종교적 배움을 실천해보기

- 이러한 배움이 나와 다른 이와의 관계에 어떤 변화를 가

  져다주는지 생각해보기

- 이를 통해 생각과 행동을 변화시키기

일반적으로 불교에서는 감정, 상처, 부끄러움, 의심, 필요가 명상을 통해 표면으로 드러난다고 가르친다. 불교에서의 가르침은 우리가 자신의 감정에 관심을 기울이고 그것을 평가하거나 탓하지 않고, 혹은 지나치게 감정에 매몰되거나 거부하지 않게 만드는 데 도움을 준다. 우리는 감정의 경험들로부터 무언가를 배우고자 하는 열린 마음을 가져야 한다. 마치 다른 사람들이 우리를 통해 무언가를 배우듯이 말이다. 『마음으로 떠나는 길A Path With Heart』이라는 책에서 잭 콘필드는 스승에 대한 이야기를 통해 이렇게 말한다.

영혼의 변화는 어쩌다 일어나는 것이 아니라 심오한 과정을 통해 이루어진다. 마음의 습관을 버리고 세상을 새롭게 바라보기 위해 우리는 반복적인 단련과 성실한 훈련을 연마해야 한다. 성숙한 믿음을 갖기 위해 우리는 체계적인 방법으로 노력해야 한다. 나의 스승인 아잔 차Achann Chah 스님은 이러한 노력을 "한 곳에 앉아 있기"라고 표현하며 이렇게 말씀하셨다.

— 방에 들어가 중앙에 의자를 갖다놓으세요. 문과 창문을 열어놓고 의자에 앉아 누가 자신을 보러 오는지 지켜보세요. 여러분은 다양한 장면과 각종 사람들을 목격하게 될 겁니다. 수많은 유혹과 이야기, 상상할 수 있는 모든 것…… 여러분이 해야 할 유일한 일은 그 의자에 가만히 앉아 있는 거예요. 모든 생각들이 머릿속을 스치고 사라질 겁니다. 그리고 마지막으로 지혜와 이해가 당신을 찾아올 거예요.

우리도 충분히 해볼 만한 훈련이지 않은가. 역전이 검토, 신학적 성찰, 명상도 좋다. 인생을 진정 자각하며 살아가고 싶은 사람이라면 하루의 끝에 시간을 내어 어떠한 편견이 없는 객관적인 감정을 지니고 조용히 앉아 있는 시간을 가져야 한다. 이러한 시간을 정기적으로 가지면 가질수록 우리의 영혼은 불필요한 어둠으로 꺼져 들어가는 것을 피할 수 있고, 삶의 방향 역시 긍정적으로 바뀔 것이다.

내가 현재 어떤 심리적 상태에 있는지 알아보고 싶다면 믿음직한 동료와 함께하는 것도 좋다. 내가 신뢰하는 누군가로부터 피드백을 받으면 우리는 자신을 향한 지나친 사랑에서 생겨나는 왜곡과 극도의 정직함이 가져다주는 좌절에서 벗어날 수 있다. 삶을 좀 더 깊이 있게 살아가고 싶다면 인내와 다짐도 필요하다. 여기, 삶에 있어서 '균형'이 얼마나 중요한지를 일깨우는 이야기가 있다.

"깊은 데로 가서 그물을 던지라"(누가복음 5:4)

어느 날, 하나님의 부름을 곰곰이 되돌아보다가 문득 어린 시절의 기억이 떠올랐다. 그 시절, 나의 이모는 신선한 우유를 담은 양동이에서 컵을 어떻게 빼내는지에 대해 조언해주셨다. 알다시피 크림과 거품이 우유의 표면 위로 떠 있는 양동이에 컵을 똑바로 세워서 넣으면 거품이나 크림만 가득 채워진다(우유라는 본질은 담기지 않거나 아주 조금만 담기게 된다). 이모는 내게 허리를 살짝 굽혀 우유의 표면을 살살 불어보라고 일러주셨다. 세 번 정도 입으로 바람을 불어주면 거품과 크림이 가장자리로 밀려났고, 나는 가운데 빈틈을 이용해 컵을 깊이 집어넣어 우유를 떠낼 수 있었다. 그리고 같은 각도로 컵을 기울여 적당한 양의 크림도 떠낼 수 있었다.

얼마나 좋은 방법인가! 물론 여기에서 중요한 건 인내심을 갖고 조심스럽게 거품을 불어야 한다는 것이다. 그래야만 깊은 곳까지 컵을 집어넣어 크림과 우유를 균형 있게 가득 떠낼 수 있다. '균형 있게, 가득 떠내는 일'은 아래의 내용들을 발견하는 일과도 관련이 있다.

- 하루 중 서로 다른 순간에 느꼈던(영향을 받은) 감정들은 무엇인가?
- 그런 감정을 느끼게 한 자신의 생각은 무엇인가?
- 지금의 결론을 내리게 한, 혹은 이에 다다르게 한 믿음은 무엇인가?

우리는 하루를 돌아보고 그 안에서 배움을 얻어야 한다. 우리가 일을 하며 어떤 감정과 생각, 믿음을 느끼는지 질문해야 한다. 그렇지 않으면 좀더 자유롭고 만족스러운 삶을 살 기회를 놓치게 된다.

자신의 삶을 객관적으로 바라보는 일을 게을리한다면 우리 안에 숨어 있는 삶의 프로그램을 발견할 수 없다. 우리가 어디로 가야 할지를 척척 이끌어주는 숨겨진 프로그램을 찾을 수 없다.

사람의 마음은 마치 '숨은 꼭두각시 인형사'(무의식적이거나

숨어 있는 잘못된 믿음)가 실을 들고 이리저리 인형을 조종하는

것에 비유할 수 있다. 하루를 정리하며 자신을 면밀히 되돌아보는

시간을 가짐으로써 우리는 그 실을 끊어낼 수 있다. 좀더 명쾌하게

우리가 의도한 방향으로 살아갈 수 있다. 그러니 평화롭고 충만한

긍휼의 삶을 살기 위해서는 자신을 돌아봐야 한다는 것을 잊어서

는 안 된다.

숨겨진
가능성을
발견하자

도로시 데이Dorothy Day는 가난한 사람을 돕는 데 일생을 바쳤다. 그녀는 곤경에 처한 사람과 함께 가슴 깊이 아파했다. 그녀는 걱정 이상의 마음을 담아 이런 말을 했다.

"누구도 주저앉아 절망을 느껴야 하는 법은 없다. 세상엔 할 수 있는 일이 너무나 많지 않은가."[3]

도로시의 말처럼 우리는 마음속 절망과 싸우고 불필요한 걱정을 하지 않아야 한다. 그래야만 활기찬 삶을 살 수 있고, 다른 사람들이 우리를 필요로 할 때 그들 곁에 있을 수 있다. 자신을 돌볼 줄 알아야 하고, 건강하지 못한 동기와 의도를 잘라내버려야 한다. 삶 속에 자리한 오아시스를 즐겨야 한다. 이보다 중요한 것은 삶을 적극적으로 새롭게 바라보는 것이다. 일시적으로 숨겨져 보이지 않는 가능성을 놓치지 않아야 한다. 다음의 이야기는 '숨겨진 가능성을 발견하자'는 가르침을 잘 보여준다.

힘든 시간을 보내던 어린 시절(내가 7살이나 8살이었던 무렵),
나는 이모와 작은 농장에 놀러갔다. 우리는 함께 걷다가 어느
밭에 다다랐다. 겨울이었고 밭은 온통 서리로 뒤덮여 있었다.
우리가 디디고 있던 땅은 어둡고 혹독한 겨울 그 자체였다.

이모는 나를 바라보고 미소를 지으며 "눈을 감고 무릎을 굽혀
땅에 손을 대보라"고 말했다. 나는 그렇게 했다. 이모는 조용히
속삭이듯 내게 말했다.

— 삶을 느껴보렴.

나는 아무것도 느낄 수 없다고 이모에게 솔직히 털어놓았다.
그러자 이모는 땅에 귀를 가까이 가져다 대보라고 말했고 이어
서 나지막이 속삭였다.

— 삶의 소리를 들어보렴.

나는 이모의 말에 따라 땅에 머리를 가까이 대고 주의를 기울
여 들어보았다. 그러나 아무것도 들을 수 없었다. 나는 자리에
서 일어나 이모에게 '그 삶을' 느끼지도 듣지도 못했다고 말했
다. 그러자 이모는 내 얼굴을 양손으로 지그시 잡고 이렇게 말
했다.

— 사랑하는 아이야, 때로는 땅이 가장 척박하고 춥고 어둡게
느껴지는 바로 그 순간이야말로 새로운 삶이 조용히 자라나고
있는 거란다!

그 순간 알 수 있었다. 이모는 어렸던 내가 감당해야 했던 내면의 고통과 희망을 갈구했던 겨울의 날들을 위해 이야기를 해주고 있었다. 나중에 나이가 들어서도 이모가 마지막으로 덧붙인 말을 잊을 수 없다.

— 봄이 되면 우리 다시 올 거야.

그렇게 봄이 왔고 우리는 또다시 그곳을 찾아갔다. 언덕을 넘어 이모보다 빨리 달려 내려가보니 연약한 생명이 싹트고 있었다. 이모가 도착했을 때 나는 고개를 돌려 말했다.

— 이모 말이 맞았어요. 진짜였어요!

이모는 아무런 대답 없이 그저 미소를 지었다. 내 마음속에서도 웃음이 자라고 있었다.

우리는 수확 시기에도 밭을 찾아갔다. 이모는 이렇게 수확하는 것은 다음 '겨울'을 나기 위해 먹거리를 저장하기 위해서라고 말했다. 그리고 덧붙였다.

— 기억하렴. 계절을 읽을 줄 알아야 해. 새로운 가능성, 하나님의 모든 것들이 그 안에 있으니까.

어린 아일랜드 소녀는 이모와의 친밀한 우정을 통해 삶 속에서 반복되는 계절을 읽어낼 줄 알게 되었고, 그 속에 숨겨진 가능성을 볼 수 있었다. 이 이야기는 균형 있는 시각을 유지하기 위해 다른 사람과의 관계가 얼마나 중요한지를 보여준다.

수년 전 나는 과테말라로 초청을 받았다. 스트레스로 힘들어하
는 사람들과 일주일간의 피정을 지도해달라는 부탁이었다. 과테말
라로 가는 길에 조셉 버나딘Joseph Bernardin 추기경의 부탁으로 시
카고에 들러 연례 성직자들 모임에 참석해 사제들과 대화를 나누
었다. 그나마 추기경의 초대를 받았다는 게 다행이란 생각이 들었
을 정도로 당시 시카고 가톨릭 교구는 감당할 수 없을 정도로 많은
요구와 도전들로 가득했다. "이건 마치 신부들을 잡아먹을 기세구
나"라는 느낌마저 들었다.

그곳에 가고자 했던 데에는 두 가지 이유가 더 있었다. 우선 시
카고는 내가 가장 좋아하는 도시 중 하나다. 사람들이 좋았고, 큰
도시가 바다와 같이 넓은 호수를 끼고 있다는 사실 역시 내가 시카
고를 사랑할 수밖에 없는 이유였다. 한 가지 더. 그곳에 머무르는
동안 추기경이 곧 출간될 내 책에 짧은 서문을 써주실 수 있을까
하는 기대 때문이었다.

추기경은 시간을 내줘서 고맙다며 나를 반갑게 맞아주었다. 나
는『감성의 근원Seed of Sensitivity』이라는 새 책에 짧은 서문을 써주
실 수 있는지 여쭤보았고 그는 흔쾌히 검토하겠노라며 복사본을

보내달라고 말했다. 그곳에서 나는 사제들에게 희망을 지속할 수 있는 간단한 방법에 대해 강연했다. 다행히 그들의 얼굴에서 감사의 마음을 읽을 수 있었다. 사제들은 누군가가 자신들을 찾아와서 그들을 믿고 활기찬 삶을 살아가는 방법을 알려준다는 사실을 진실로 감사히 여기고 있었다. 추기경 역시 성적 학대를 했다는 부당한 비난을 받으며 엄청난 스트레스를 받고 있었기 때문에 심리적인 도움이 필요했다. 강연이 끝나고 추기경은 내 옆으로 다가오며 매우 만족스러워하는 미소를 지었다.

"밥, 정말 좋았어요!"

나는 그를 바라보며 장난을 쳤다. "그렇게 놀라시며 말씀하실 것까진 없으세요, 추기경님."

그는 웃으며 덧붙였다. "아니, 정말 장난이 아니에요! 정말 좋았다니까요." 그리고 재빨리 이어 말했다. "아까 얘기한 원고 확실히 보내줄 거죠?"

"추기경님이 괜찮으시다면 저야 물론이죠."

그는 대답했다. "괜찮다 뿐이겠어요, 제게도 영광이지요."

그날 오후 나는 시카고 공항에서 집으로 전화를 걸어 아내에게 복사본을 추기경에게 보내달라고 부탁했다. 그리고 일주일 동안 과테말라로 떠나 있었다.

놀랍게도 내가 집으로 돌아왔을 때 이미 추기경의 서문과 편지
가 도착해 있었다.

— 편지에 서문을 동봉했습니다. 마음에 들어야 할 텐데요. 참,
비밀 하나를 말해줄게요. 일반적으로 다른 사람들이 내게 원고
를 보내오면 사제들에게 읽게 하고 글을 쓰게 해서 그 밑에 내
이름만 붙인답니다. 하지만 이번엔 확실히 해둘게요. 당신의 책
은 내가 다 읽었어요. 한 자도 빠짐없이.

그해의 끝자락에 추기경과 나는 우리 집에서 다시 만나 저녁식
사를 하고 좋은 이야기를 나누기로 약속했다. 그러나 그의 병세가
악화되는 바람에 우리의 만남은 끝내 이루지 못했다. 하지만 나는
그의 따뜻했던 마음을 한순간도 잊은 적이 없다.

나는 스스로 행복한 사람이라고 자부한다. 고백하건대 지난날
의 성공을 떠올리며 짜릿한 쾌감을 느낀다. 나는 모든 일에 최선을
다했다. 하나님의 축복 가운데 이뤄낸 모든 일들이 자랑스럽다. 그
러나 내 마음에 가장 깊이, 오래도록 남아 깨달음을 안겨준 것은 바
로 실패라는 경험을 통해서였다. 그중 하나가 작지만 친절한 행동
이 지닌 가치이다. 눈앞이 깜깜해 아무것도 보이지 않는 순간 우리

는 오히려 인생을 살아가는 데 필요한 것이 무엇인지 깨닫게 된다.

　다른 사람의 친절한 말과 행동은 땅속 깊이 묻혀 있는 보물과 같다. 우리는 위로의 말이 필요하거나, 세상은 아직도 살 만하다는 사실을 느끼고 싶을 때마다 다른 사람의 친절한 말과 행동을 찾아 나선다. 누군가의 친절한 말과 행동은 앞이 깜깜해서 아무것도 보이지 않는 절망의 순간 우리에게 균형 있는 시각을 갖게 해준다. 나아가 우리의 삶 속에 여전히 엄청난 가능성들이 함께한다는 평범한 사실을 가르쳐준다.

　예일 대학교의 교목인 윌리엄 슬론 코핀William Sloane Coffin은 자서전『누구에게나 한 번은Once to Every Man』에서 자신이 결혼 문제로 예일대를 그만둘지를 고민했던 시기가 있었다고 말한다. 그의 고백에서 우리는 실패의 소중함과 다른 사람들이 건네는 말 한 마디의 중요성을 배울 수 있다.

　총장의 사표 반려로 계속해서 교목으로 일하는 게 마음에 걸렸던 코핀은 동료 교수 리처드 수얼Richard Sewall에게 고민을 토로했다. 수얼 역시 사임을 반대하며 이렇게 격려해주었다.

　— 빌, 당신이 무언가로부터 고통을 받았다면, 그건 지나친 성공의 기운에 휩싸였기 때문일 거예요.[4]

물론 실패는 기분좋은 일이 아니다. 누구도 실패를 원하지 않는다. 그러나 우리는 삶에 깊숙이 연루될수록 더욱 자주 실패를 맛보게 된다. 누구나 실패를 피할 수 없다. 그럴 바엔 차라리 실패를 우리의 삶 속에 넣는 게 좋지 않을까. 실패를 거부하거나 피하려 한다면 다른 사람을 탓하고, 극심한 피로를 느끼거나 자신을 부정하게 된다. 여기 실패와 암담한 상황에서 많은 것을 배울 수 있다는 토머스 머튼의 조언이 있다.

"용기는 왔다가도 지나가는 것이다. 다음 용기가 올 때까지 기다려라!"

———

걱정은 헛된 낭비이며

관심은 긍휼의 선물이다.

인생은 너무 짧다. 삶은 순식간에 흘러가버린다. 우리는 짧은 생을 사는 동안 성취한 것과 그렇지 못한 일 사이를 오가며 죄책감에 빠진다. 쓸데없이 다른 사람을 판단하고 평가하는 데 많은 시간을 낭비한다. 자신과 가족, 소중한 사람들에게 앞으로 어떤 일이 생길지 미리 걱정하며 인생이라는 무대를 채운다.

내가 하는 일은 사람들이 쓸데없이 초조한 마음을 갖지 않도록 돕는 것이 대부분이다. 나는 사람들이 죄책감을 갖고 다른 사람을 비판하며 쓸데없는 걱정에 빠져 무의미한 시간을 보낸다는 것을 알고 있다. 수많은 상담을 하며 사람들이 무언가를 걱정하는 것을 너무도 자연스럽게 여긴다는 것도 알았다. 걱정하는 것이 살아가는 데 자연스러운 현상이라 하더라도 그것으로 삶을 채운다는 것은 실로 어리석은 일이다.

우선 아무것도 걱정하지 말라고 가르치는 성인聖人의 가르침을 마음속에 새겨보자. 부처의 평온, 달라이 라마의 변치 않는 웃음, 하나님의 단순하면서도 조금 까다로운 질문은 어떨까. "걱정하면 당신에게 이로운 게 뭐죠? 걱정이 조금이라도 당신에게 변화를 가져다주었나요?" 마크 트웨인도 걱정은 바보 같은 짓이라고 단호하게 말했다. 그리고 이렇게 덧붙였다.

"내 삶은 끔찍한 불행투성이였어요. 물론 대부분 실제 일어나지는 않았지만요."

우리에게 삶의 평안을 강조하는 성인의 가르침을 마음속에 그렸다면 이번에는 걱정이 아무런 가치가 없음을 일러주는 격언을 살펴보자. 물론 걱정하는 마음이 조금이라도 느껴지면 자신을 잠시 돌아봐야 한다. 걱정하는 마음이 나에게 그리고 주변 사람들에게 얼마나 피해를 안겨주는지 알아야 한다. 그런 과정을 통해 우리는 다른 사람과 나눌 수 있는 가장 좋은 감정은 걱정이 아닌 마음의 평안이라는 사실을 느낄 수 있다. 걱정하느라 삶을 낭비하지 않을 때 우리는 더욱 단단하고 강해진다.

몇 년 전, 딸아이가 아파 병원에 입원했을 때 나는 '자연스러운 걱정'으로 병문안을 가곤 했다. 한 번은 딸이 내 근심 어린 표정을 보고 살짝 미소를 지으며 말했다.

"아빠가 나보다 더 아파 보이는데요."

우리는 둘 다 웃었다. 딸의 말에 기분이 나아졌다. 내가 지금 무슨 행동을 하고 있는지 깨달았다. 내 걱정이 자신은 물론 내가 진정 도움을 주고 싶은 사람에게까지 짐을 얹고 있었던 것이다.

우리는 걱정하는 것이 사람으로서 마땅히 해야 할 일이라고 여긴다. 항상 준비하고 걱정해야 좋지 않은 일을 방지하거나 통제할 수 있다고 생각한다. 딸이 아플 때 주변 사람들은 내게 이렇게 말하곤 했다.

"밥, 딸아이가 아픈데 슬퍼 보이지 않군요. 그건 당신이 딸아이를 깊이 걱정하고 있지 않다는 거예요."

물론 말도 안 되는 이야기이다. 하지만 나는 그들이 틀렸다고 말하지 않았다. 걱정은 오히려 해가 된다고 가르쳐주지도 않았다. 그 일이 아니어도 나에겐 양손 가득 해야 할 일이 넘쳐났다. 나는 옛 속담을 떠올렸다. "돼지에게 노래를 가르치려 하지 마라. 그건 시간 낭비일뿐더러 돼지에게도 짜증나는 일이다."

그래서 나는 집을 나와 동네를 벗어나기 전까지 계속 우울한 표정을 지었다. 그리고 동네를 벗어나서야 라디오를 틀고 싱긋 웃으며 하나님께서 주신 아름다운 하루를 음미했다. 운전하는 동안에도 신나는 음악을 들었다. 그래야 딸에게 도착했을 때 맑은 정신을 가질 거라 생각했다. 딸에게 피곤과 스트레스를 나눠주기 싫었다. 오히려 평온함이라는 소중한 기운을 딸에게 안겨주고 싶었다.

사실 우리는 이미 답을 알고 있다. 우리는 삶의 표면에 드러난 문제들을 쉽게 파악할 수 있다. 무엇이 문제의 원인인지도 알고 무슨 일을 해야할지 계획도 세울 수 있다. 그러나 아직도 많은 사람들이 다음 단계로 나아가지 못하고, 자신의 행동이 얼마나 보잘것 없고 비효율적인지에만 관심을 둔다. 자, 당신은 무엇이 문제인지 알고 있고, 원인을 진단하고, 해결 방법을 모색하고, 실제 행동으로 옮기고 있다. 하지만 그다음 단계에서 헤매고 있다. 해답은 간단하다. 당신이 짊어지고 있는 문제를 내려놓으면 된다. 최선을 다해 할 수 있는 모든 것을 했다면 나머지 몫은 하나님께 맡겨야 하지 않을까?

걱정은 영혼의 쳇바퀴와 같다. 걱정은 끊임없이 다른 사람을 긍휼히 여기는 마음을 연습하게 만든다. 물론 누군가를 신경쓰는 일을 잊지 않게 해준다는 것은 좋은 일이다. 그러나 쳇바퀴의 특성이 그렇듯, 걱정은 우리를 더 멀리 나아가지 못하게 한다. 반면 관심은 ―주변의 필요에 눈을 뜨게 만들어주는― 걱정과는 달라서, 우리가 다른 사람에게 취해야 할 적절한 행동을 일러주고 평온한 마음을 지니도록 해준다.

걱정은 우리를 쇠약하게 만든다. 걱정함으로써 우리는 문제에 너무 깊숙이 얽매이게 된다. 문제와 적당한 거리를 둬야 한다. 하지만 관심은 다르다. 관심은 우리를 자유롭게 놓아준다. 관심을 갖는다는 것은 문제, 두려움, 슬픔, 상실, 우리가 통제할 수 없는 사건에 얽매이는 것이 아니라 그저 관심을 갖고 옆에서 바라보는 것이다. 물론 걱정을 놓아버리는 것은 쉬운 일이 아니다. 그렇게 간단한 일이었다면 사람들이 그토록 걱정하진 않았을 것이다.

어느 심리 치유 세미나에서 발표를 하는데 한 여자가 질문을 던졌다. 그녀는 '놓는 일'이라는 주제에 관심이 있다며, 자신이야말로 일에 지나치게 몰두하고 걱정을 많이 한다고 토로했다. "어떻게 놓아버리죠? 아무리 노력해봐도 나아지지 않는 걸요."

당연한 고민이다. 그녀만의 고민은 더더욱 아니다. 러시아 작가 막심 고키Maxim Gorky는 남동생과 즐기던 게임에 대해 이야기한 적이 있다. 게임 방법은 간단했다. 그저 방구석에 앉아 백곰을 생각하지 않으면 되는 것이었다. 단순한 아이디어, 즉 우리가 무언가를 놓으려 하면 할수록 그것과 엮이게 된다는 아주 단순한 이치에서 나온 게임이었다. 다이어트를 예로 들어보자. 다이어트를 시작한 순간, 우리의 머릿속은 포기해야 하는 음식들로 가득 차게 되지 않던가?

다이어트는 걱정과 마찬가지로 우리에게 변화의 필요성을 일깨워준다. 다이어트는 우리가 중독된 것들을 끊어낼 수 있는 동기를 불러일으킨다. 하지만 거시적인 관점에서 본다면 다이어트는 아무런 도움이 되지 않는다. 식이요법 다이어트를 하는 사람들은 대개 몸무게가 더 늘어나거나 다이어트 전의 몸무게로 돌아가기 마련이다. 다이어트에 돌입한 사람처럼, 걱정하는 사람도 자신을 괴롭히는 문제를 통제하는 데 실패하고 오히려 더 힘들어한다. 매일 밤, 잠을 이루지 못할 만큼 걱정하는 사람은 삶의 즐거움을 절대로 알지 못한다.

반면 관심은 걱정과 너무나 다르다. 일반적으로 관심과 걱정은 비슷해 보인다. 하지만 관심은 걱정처럼 우리를 마비시키지 않는다. 비록 자신이 원했던 결과를 얻지 못해도 우리를 자유롭게 놓아준다. 눈앞에 문제가 있다는 사실을 부정하지 않고, 문제를 정면으로 직시하며 이런 생각을 갖게 한다. "어떻게 하면 이 문제를 좋은 방향으로 받아들일 수 있을까?" 정리해보자. 걱정은 온 힘을 다해 문제에 매달릴 것을 강요한다. 하지만 관심이란 우리가 어려운 상황이나 사람을 대할 때 편안한 마음으로 긍휼을 베푸는 일에 초점을 맞춘다.

이렇듯 겸손함과 자비로운 태도는 사람과 일을 바라보는 '관심'의 핵심이다. 관심은 자신의 한계를 인정하게 하고, 그 안에서 할 수 있는 일을 결정하도록 돕는다. 관심은 친절한 말씨를 통해 표현되기도 한다. 지금 바로 누군가에게 만남을 청해보자. 그리고 그 사람이 겪고 있는 문제를 들어주자. 물론 지나치게 몰두해서 심란해지지 않는 선에서 말이다.

혹시 다른 사람의 얘기를 '듣는 것'이 뭐가 중요하냐고 생각하고 있진 않은가? 그렇다면 스스로에게 물어보자. 마지막으로 내 말을 진심으로 들어줄 사람이 필요하다고 느꼈던 때는 언제였는가? 그 사람이 내 이야기를 잘 들어주었나? 내 이야기를 들으며 그 역시 흥분하지는 않았나? 내가 겪고 있는 문제에 너무 빨리 반응하지 않았나?

작은 관심은 큰 힘을 지니고 있다. 관심은 우리를 문제로부터 꺼내어준다. 다시 다이어트에 비유해보자. 먹는 것과 살이 찌는 것을 걱정하는 사람들은 삶에서 음식 외의 것들을 놓치기 마련이다. 반면 건강하고 활기찬 삶에 대해 '관심'을 갖는 사람들은 음식을 먹는 게 얼마나 즐겁고 행복한 일인지 알고 있다. 먹는다는 것은 삶이 안겨주는 무수한 선물 중 하나다. 먹는 것을 걱정하기보다 건강한 삶을 영위하는 데 '관심'을 기울이는 사람들은 조금 덜 먹고 조금 더 천천히 먹고 가끔 단 것을 즐기며 조금 더 걷는다. 인생이란 이런 '조금'이 쌓일 때 어마어마해지는 것이다.

약간의 걱정은 우리를 먼 길로 나아가게 이끌어준다. 반면 지나친 걱정은 우리를 어디에도 데려다주지 못한다.

이 책에서 말한 것처럼, 걱정과 관심의 차이를 잘 파악하기로 하자. 그리하여 걱정하고 안달하는 사람에서 '관심을 갖는 사람'으로 자신을 바꾸어보자. 삶이 암담하다고 느껴지는 순간 그 속에 숨겨진 가능성을 찾아보자. 앞에서 읽었듯이 우리는 계절을 읽고 삶을 오롯이 느낄 수 있는 능력이 있다. 어떠한 순간에서도 희망을 잃지 않는 노력과 인내는 좋은 친구가 될 것이다. 최악의 상황에서도 어딘가에 숨겨진 가능성이 움트고 있다고 자신에게 속삭여주자. 그 작은 마음의 실천이 삶을 새롭게 바라보게 해줄 것이다.

영적 침체를
이용하자

우리가 살아가면서 직면하는 문제들은 사실 피할 수 있는 것들이 대부분이다. 전문 봉사자들과 심리 치료사들은 이 사실을 잘 알고 어둠의 나락으로 미끄러지지 않을 수 있는 방법을 찾아 불필요한 고통을 피하는 법을 가르쳐준다. 하지만 살아가는 동안 때때로 무력감과 혼란스러움, 외로움, 절망에 가까운 감정을 느끼는 것은 어쩔 수 없다. 영적 침체는 단순한 슬픔도 임상적인 우울증도 아니다. 삶을 대하는 우리의 대응방식이 미숙한 탓은 더더욱 아니다. 그것은 우리가 삶과 운명 혹은 죽음을 어떻게 믿고 바라보느냐와 같은 존재론적 문제이다. 어떤 이에게는 하나님을 향한 믿음에 관한 문제이다.

영적 침체를 가져오는 결정적 원인은 쉽게 파악할 수 있다. 배우자나 좋은 친구를 잃는 일, 어린 시절 성적 학대를 받았다는 사실을 깨닫거나 자신과 가까운 사람으로부터 배신을 당하는 일 등이 그렇다. 가까운 친구와 사이가 벌어지고, 심각한 병을 앓고, 배우자의 불륜으로 부부 사이가 깨지고, 실직하거나 사랑하는 사람이 자신을 이해하지 못하거나 아픈 말로 비수를 꽂을 때에도 영적 침체는 시작된다.

어떤 때에는 영적 침체가 명확히 느껴지지 않는 경우도 있다. 도대체 어디서부터 어긋난 건지 알 수 없다. 중요한 것은 영적 침체가 우리에게 어떤 의미로 다가오는지 깨닫는 데 있다. 극한의 외로움을 겪을 수도 있고 동시에 새로운 영성과 심리적 깊이를 얻을 기회일 수도 있다. 두 가지 측면 모두 과소평가해서는 안 된다. 영적 침체를 겪고 그 안에서 빠져나오기란 힘들지만 그만큼 중요한 경험이다. 그것은 실로 예기치 않은 상황 속에서 뜻밖에 찾아오는 흔치 않은 기회이다.

우리는 살아가며 때때로 찾아오는 영적 침체를 자신은 물론 다른 사람, 아니 삶 그 자체를 위한 경험으로 감사히 받아들여야 한다. 옛 페르시아에 영적 침체를 어떻게 받아들여야 할지를 보여주는 속담이 있다.

"삶이 당신에게 칼을 던지면, 당신은 칼날이나 손잡이를 잡으면 된다."

그렇다. 문제는 우리가 그 기회를 깨닫고 잡을 것인지, 아니면 영적 침체라는 힘든 과정에만 주목하여 그것이 우리의 영혼을 어떻게 변화시키는지를 보지 못하는 것에 있다. 사람들은 대부분 영적 침체 속에서 가능성이 생겨나는 것을 보지 못한다. 그저 우리가 잃은 것에만 집착하여, 고통 가운데서 도망치거나 무언가에 지나치게 빠지고 만다(일, 술, 섹스, 종교적 광신 등). 아니면 세상이 타락하고 말았다는 씁쓸함으로 인생을 채워 간다. 물론 누구도 의도적으로 혹은 의식적으로 그렇게 행하는 건 아니다. 그러나 영적 침체로부터 새로운 것을 깨닫고 배울 때 우리는 이전까지 갖지 못한 기쁨과 평안을 누리게 된다. 결국 우리가 영적 침체로부터 도망치지 않기 위해서는 그 어둠을 통해 무엇을 얻을 수 있는지를 깨달을 수 있어야 한다. 영적 침체가 갖는 장점은 다음과 같다.

- 다른 사람들로 인해 생기는 영적 침체를 피하지 않고 맞설 수 있는 동기와 의지가 생겨난다.
- 각 사람의 성격의 유형을 파악함으로써 사람을 이해하는 통찰력을 갖게 된다.
- 다른 사람으로부터 인정을 받고 싶어하는 의존에서 벗어난다.
- 다른 사람과 소통하는 데 있어 새로운 스타일을 배우게 된다.
- 성공과 안락함, 안전에 전적으로 의존하지 않게 되어 평

온함을 누리게 된다.

누구나 살다보면 도저히 피할 수 없는 부정적인 상황과 오랜 교착 상태 —인종차별과 성차별 같은— 에 부닥치게 된다. 그래서 모든 가능성을 열어둬야 한다. 겸손한 마음으로 마음을 열고 지금보다 조금 용기를 갖고 당신을 찾아온 영적 침체와 함께해야 한다. 당신이 진정 원하는 삶의 새로운 막을 시작할 수 있는 가능성과 변화는 그 순간 자연스럽게 찾아온다.

옥스퍼드 대학에서 학생들을 가르치는 앤드루 하비는 인도를 여행하다가 깊은 슬럼프에 빠지고 말았다. 다행히 그곳에서 자신에게 우호적인 사람들을 만나 해결할 수 있었다. 그의 책『라다크에서의 여정A Journey in Ladakh』에는 당시 혼란스럽던 그를 지켜보고 격려해준 사람들이 등장한다.

당신은 늘 웃고 있어요. 사람들의 말도 잘 들어주지요. 그런데 왠지 모르게 슬퍼 보여요. 무엇도 당신을 만족시키지 못하는 듯해요. 일도, 우정도, 배움도, 이 여행마저도…… 아무렴 어때요. 이제 새로운 것을 배울 준비가 되어 있잖아요. 슬픔이 당신의 마음을 비워주었잖아요. 슬픔이 당신의 마음을 열어주었잖아요!

이런 얘기도 나누고 싶다. "두려움은 내적 여정을 떠나기 위한 그리 나쁘지 않은 출발점이다."

토머스 머튼은 이렇게 썼다. "진정한 사랑과 기도는 사랑이 불가능해지고 심장이 돌처럼 굳었을 때 배울 수 있다."

어떤 형태의 영적 침체를 겪는다 해도 질문은 한 가지에서 시작한다. 영적 침체 속에서 꿋꿋이 버틸 것인가, 아니면 어둠에서 도망쳐서 일시적으로 상황을 모면할 것인가?

—

대부분의 사람들이 하는 행동

영적 침체는 반드시 해결해야 할 문제로 느껴진다. 영적 침체를 겪고 있는 사람들의 첫번째 —잘못된— 반응은 그 어둠으로부터 빠져나오겠다는 다짐뿐이다. 그러나 영혼에 찾아오는 고통스러운 상황은 "첫 시작에 성공하지 못했다면 노력하고 또 노력하라"는 속담으로 해결되는 게 아니다. 그것은 불치병에 걸려 마지막 순간에 하나님과 협상을 시도하는 것과 같다. 세상이 가르쳐주는 유용해 보이는 논리와 계획, 활동으로 마음의 고통을 풀려고 하는 것과 같다. 그러나 인생에 찾아오는 수많은 문제들을 효과적으로 풀어나갔던 방식들이 영적 침체에서는 쉽게 통하지 않는다. 그것은 바로 영적 침체, 즉 마음의 고통이 인간이라면 누구나 원하지 않는 현실의 문제이기 때문이다. 게다가 그것은 쉽게 풀 수도 없다. 그럼에도 불구하고 내가 하고 싶은 말은 영적 침체라는 달갑지 않은 현실에 감춰져 보이지 않는 가능성을 믿어야 한다는 것이다.

우리 중 누구도 가족의 죽음이나 친구의 배신으로부터 벗어나기 위해 시곗바늘을 돌릴 수 없다. 사실이건 그렇지 않건 당신을 무능하다고 여기는 직장 동료의 생각을 바꿀 수도 없다. 그러한 문제는 해결하겠다고 나선 순간 꼬일 뿐이다. 아주 엉망진창이 되고 말 것이다.

어려움에 처하거나 상처받은 사람은 누구나 자신이 기울일 수 있는 최선의 노력을 기울인다. 신앙이 있는 사람이라면 하나님께 기도하며 협상을 시도한다. 자신이 할 수 있는 모든 방법을 동원해서 삶을 정상으로 돌리려 한다. 하지만 인간은 어리석어서 모든 시도가 실패로 돌아간 후에야 자신의 노력이 잘못되었음을 깨닫는다. 단언컨대, 마음의 상처를 극복하려는 당신의 인간적인 노력은 성공할 수 없다. 오히려 깊은 슬픔, 무력감, 좌절, 수치심, 분노를 느낄 뿐이다.

살아가면서 가장 최악의 상황은 바로 혼자 남겨졌다는, 길을 잃고 말았다는 느낌을 받을 때일 것이다. 이 느낌은 잠시 느끼는 것이 아니라 오래 지속된다. 그 시간 동안 우리는 두려움에 빠지고 스스로를 향해 질문을 던진다. 그 어둠 속에서 우리는 선택의 기로에 선다.

- 지금은 통하지 않지만 옛날 방식대로 열심히 노력해볼까?
- 지금의 상황을 거부하고 합리화하거나 최소화하는 방식으로 어둠으로부터 도망쳐버릴까?
- 일, 약물, 섹스, 광신적인 믿음, 또다른 강박적인 행동으로 나를 다스려볼까?
- 삶이 새로운 길을 제시해줄 거라는 믿음을 갖고 영적 침체를 똑바로 직시할까?

• 가끔 불안한 마음에 의심이 든다 하더라도!

물론 쉽지 않은 선택이다. 우리는 언제나 원하는 것을 갖고 싶어하고, 영적 침체가 내 삶에 들이닥치기 전의 삶을 꿈꾼다. 그것도 아니라면 하루빨리 평정심을 되찾고 어떤 일이든 능숙하게 해냈던 과거로 돌아가기를 바란다. 그러나 좋든 싫든 그런 일은 결코 일어나지 않는다. 우리가 진정 평안해지려면 자신이 어디가 부족한지를 알아야 한다. 자신이 지금 무력감에 빠지고 소외감을 느끼고 깊은 슬픔에 허우적대며 길을 잃은 상태라는 것을 깨달아야 한다. 이제 우리에겐 두 가지 선택만이 남는다. 믿음으로 순종할 것인가, 아니면 영원히 길을 잃고 헤맬 것인가.

2002년, 나는 성추문에 휘말린 보스턴의 사제들과 '자기 치유'를 주제로 강의와 상담을 했다. 강연의 얼개는 영적 침체에 관한 것이었다. 셋째 날과 마지막 날에는 은퇴한 사제들을 위한 강연이 있었다. 강연 직전, 한 고위 성직자가 상당히 신빙성 있는 불미스러운 일로 교구 신부 자리에서 밀려났다는 사실이 밝혀졌다. 강연에 참석한 사제들은 충격을 이기지 못한 채 몹시 낙담한 상태였다. 강의를 마치고 질의응답 시간을 끝내려던 순간, 강연장 오른편에 앉아 있던 한 남자가 마지막 질문을 던졌다.

"잠시 당신을 신이라고 생각해보시겠어요?"

내가 답했다. "좀 위험한 질문인데요!" 그리고 미소를 지었다.

그는 잠시 웃더니 이내 웃음기가 사라진 얼굴로 물었다. "만약 당신이 미래를 예견할 수 있다면, 우리가 지금 겪고 있는 모든 사건들이 언제쯤 끝날지 대답해줄 수 있을까요?"

나는 대답했다. "나에게 그런 신비로운 능력이 생겨서 당신의 질문에 답할 수 있다 해도 답하지 않을 겁니다."

"왜죠?" 그는 약간 놀라며 물었다.

"그런 걱정을 하는 건 당연합니다. 하지만 당신이 지금 영적 침체에 빠져 있다면 그 질문 자체가 잘못된 것입니다. 좀더 나은 질문은 이겁니다. 지금 나와 교구가 직면한 영적 침체 속에서 과연 나는 무엇을 배울 수 있을까요?"

하나님을 향한 믿음이나 자신에게 질문을 던지는 행위의 가치를 믿는 것, 그리하여 아픔과 상처 속에서 깊이 고뇌하는 순간 우리를 지배하던 인지적이고 논리적인, 즉 좌뇌에 바탕을 둔 노력으로부터 벗어날 수 있다. 대신 창의적이고 새로운 패러다임으로, 이른바 우뇌에 기반한 방향으로 상황을 받아들이게 되고, 새로운 가능성을 찾게 된다.

중요한 것은 창의적인 패러다임으로 새로운 가능성을 불러오기 위해서는 조용하고 경건한 시간 속에 머물러야 한다는 것이다. 혼자서 혹은 몇 명과 짝을 지어 경건한 시간을 가짐으로써 나를 사로잡고 있는 생각으로부터 떠나야 한다. 무엇이 나에게 좋은 건지, 무엇이 나를 치유할 수 있는지, 내가 다음에 취해야 할 행동이 무엇인지 등을 떠나 영적 침체 속에 충분히 머물러야 한다. 미국의 콘스탄스 피츠제럴드Constance FitzGerald 수녀는 「교착 상태와 영혼의 어두운 밤Impasse and the Dark Night of the Soul」에서 이렇게 설명한다.

"사람들은 가난하고 무력하고 모든 것이 망가져버린 상황에 처할 때 비로소 하나님이라는 사랑과 평화의 수수께끼를 향해 마음의 문을 연다. 우리는 아무리 힘들고 어려워도 인간의 고통은 결국 유한하다는 사실을 자각하고 받아들여야 한다. 하나님께 모든 것을 맡기는 순간 새롭고 깊은 경험을 맛보게 된다. 삶을 바라보는 새로운 시각을 갖게 되고 새로운 이해와 관계를 경험하게 된다."

미국의 승려 페마 코드론은 『모든 것이 산산이 부서질 때When Things Fall Apart』에서 우리의 모든 삶, 심지어 도망치고 싶은 부분까지 정면으로 맞서야 한다고 강조한다.

"자꾸 벗어나려 하지 말고 계속해서 탐험하세요. 생각했던 것과 다른 것을 발견해도 앞으로 나아가세요. 두려움과 떨림으로 패배감을 느끼지 말고 당신을 위협하는 것이 무엇인지 똑바로 직시할 때 이제까지 보지 못한 것을 볼 수 있어요. 그것이 바로 마음이 건강하다는 증거입니다."[5]

그건 나도 마찬가지이다. 하나님을 믿고 순종하며 영적 침체를 똑바로 바라봄으로써 나에게 주어진 '현재'를 즐길 수 있었다. 지난 수년간 나는 과거의 향수에 빠져 지난날을 후회하고 이유 없이 화를 내며 동시에 미래를 계획했었다. 내가 있는 현재를 위해 살지 않았다. 그러나 아주 깊은 영적 침체를 겪으면서 나는 바로 지금 이 순간만이 내가 가야 할 곳이자 있어야 할 곳이라는 사실을 알 수 있었다. 미래의 계획으로 나를 밀어넣는 순간 나는 그동안 크고 작은 방식으로, 그것도 여러 번 다른 사람들을 실망시켰다는 사실을 깨달았다. 나는 더이상 갈 곳도 숨을 곳도 없었다. 그저 지금 이 순간을 살아가야 했다. 최선을 다해 삶을 이어가는 수밖에 없었다.
　내가 영적 침체를 경험하며 배운 또다른 가치는 우리의 삶이 단번에 해결되지 않는다는 것이었다. 영적 침체라는 어둠은 절대로 나를 떠나지 않는다는 것을 알 수 있었다. 상처받은 사람을 상담하고 치유하는 전문가로 살아오는 동안 나는 삶의 문제를 곧바로 해결할 수 있다고 여겼다. 어려움이 닥칠 때마다 곧바로 그것을 판단하고 그에 맞는 처방법을 개발하는 데 익숙해져 있었다. 문제를 빠르게 처리하고 상황을 극복하는 것을 능사로 여겼다. 그 결과 나는 늘 이성적이고 논리적인 좌뇌적 접근법을 사용했다. 그 방식은 제법 유용해 보였다. 그러나 영적 침체나 삶과 죽음의 문제, 인생무상 같은 존재론적 문제 앞에서는 아무런 도움이 되지 못했다. 그것은 한낱 망상에 지나지 않았다. 대부분의 사람들은 이러한 망상 속에서 살아간다. 영적 침체에 빠져 허우적거리다가 지금까지 당연하게 믿어왔던 망상이 깨진 후 도망쳐버린다. 영적 침체 속에서 피어나는 삶을 바라보는 새로운 지혜를 보지 못한 채. 하지만 이제는 알아야 한다. 하나님께서 허락하신 삶이란 영원히 해결할 수 없는 문제들로 가득 차 있다는 것을. 그러니 지금까지 믿어온 헛된 믿음을 영적 침체라는 어둠 속으로 흘려보내자. 바로 그때, 우리는 삶이 가져다주는 선물을 만끽할 수 있다. 고통 없이 아픔에 당당히 맞설 수 있다.

영적 침체를 통해 얻은 또다른 교훈은 인생을 믿음과 용기를 지니고 마주해야 한다는 것이다. 삶의 순간순간 찾아오는 고통은 그것을 감당할 만한 사람에게 찾아오는 것임을 깨닫고 더이상 용기를 낼 필요가 없는 지점까지 나아가야 한다. 삶의 진가는 오직 '지금 이 순간'에 나타난다. 세상은 미래를 계획하지 않고 현재를 사는 당신에게 '패배자'라고 손가락질하겠지만 그들이 틀렸다는 것을 곧 알게 될 것이다. 다른 이들이 자신이 원하는 음식을 바라보는 데 그칠 때 당신은 지금 눈앞에 놓인 음식을 마음껏 즐기면 된다. 더 좋은 음식으로 메뉴를 바꾸거나 변화를 줄 수 있다면 더할 나위 없다. 물론 마음을 열고 지금 이 순간을 감사히 여기는 것만으로도 지금 내 앞에 놓인 맛있는 식사를 망치는 일은 없을 것이다. 잊지 말자. 인생에 주어진 가장 큰 선물은 바로 당신 앞에 놓인 삶의 기쁨과 아름다움이라는 것을. 그것을 한순간도 놓치지 않는 것이라는 사실을.

영적 침체를 겪으며 우리는 다음과 같은 교훈을 얻게 된다.

- 냉철함과 친절함을 동시에 갖춰야 한다.

- 위대한 사랑은 작은 행동에서 찾을 수 있다.

- 영혼을 단단하게 연단시켜 사소한 것에 화를 내는 자신을 누그러뜨려야 한다.

- 나와 세상 사이에 '소박함'이라는 울타리를 쌓는다. 삶은 단출해야 한다.

- 경건한 시간을 통해 내 안의 안식처로 자주 돌아와야 한다. 우리가 왜 기도하는 삶을 피하는지 깨달아야 한다(바쁘다는 것은 핑계일 뿐이다!).

냉철하면서도
친절하게
행동하자

앤 라모트Anne Lamott의 책 『마음 가는 대로 산다는 것Traveling Mercies』에는 그녀가 다니는 교회의 목사에 관한 감동적인 이야기가 담겨 있다.

세상에는 다양한 목사들이 있다. 하지만 누구도 나에게 딱 맞는 목사는 없었다. 몇 년 전, 훤칠한 키의 흑인 여자 베로니카가 부임하기 전까지는. 그녀의 두툼한 손은 마치 따뜻한 의사 선생님의 손 같다. 관절이 있어야 할 자리가 보조개처럼 옴폭 들어가 있어 어린아이의 통통한 주먹을 연상시킨다. 그렇게 그녀는 우리의 삶 속으로 걸어들어왔다. 그녀는 설교 도중 종종 노래를 불러주고, 어린 시절 이야기를 들려주었다. 며칠 전에는 이런 이야기를 들려주었다.

일곱 살 무렵, 그녀의 진한 친구가 마을에서 길을 잃었다. 어린 소녀는 마을의 길을 이리저리 오르내렸지만 위치를 파악할 만한 건물은 보이지 않았다. 소녀는 겁이 났다. 때마침 근처를 지나던 경찰관이 소녀를 조수석에 태워 소녀가 다니던 교회를 찾아 나섰다. 마침내 소녀는 교회를 찾았고, 경찰관에게 이렇게 말했다.

— 이제 여기 내려주시면 돼요. 여기가 우리 교회예요. 여기서는 언제든지 우리 집을 찾아갈 수 있어요. 바로 이런 이유로 나는 언제나 교회 가까이에서 사는 거랍니다. 속상한 일이 생겨도, 길을 잃어서 외롭고 겁이 날 때에도 나는 교인들의 얼굴을 보고 그들의 '황갈색 목소리'를 들으면 언제든지 집을 찾을 수가 있으니까요.

앤 라모트가 말하는 '황갈색 목소리'는 아마도 친절함과 냉철함이 동시에 배어 있는 소리를 의미하는 듯하다. 마냥 친절한 사람들 사이에 둘러싸여 있으면 우리는 현실에 안주하게 되고, 자아도취에 빠져 자신을 냉철하게 바라보지 못하게 된다. 반대로 사방이 온통 잘못을 지적하는 사람들뿐이라면 우리는 압도당하며 낙담하게 된다.

친절함

객관적인 냉철함이 우리에게 변화를 주기 위해서는 친절함이 요구된다. 자신에 대한 사랑과 관용에 있어서는 더욱 그렇다. 자기 인식과 자기애는 늘 함께 간다. 케네스 리치Kenneth Leech는 『마음으로 드리는 기도True Prayer』에서 이렇게 말한다.

"자신이 경멸하는 사람과 친하게 지내고 싶은 사람은 없을 거예요. 그 경멸하는 사람이 자기 자신이라면 더욱 그렇겠죠."

자기애는 다양한 방식으로 드러나지만, 주로 자신에 대한 친절을 통해 나타난다. 특히 나와 같은 봉사자, 심리 치료사들은 자신보다 남에게 친절히 대하는 걸 편하게 여기기 쉽다. 정작 다른 사람에게 하는 만큼 자신에게 친절하지는 않은 채 말이다.

한 유명한 임상사회복지사를 상담한 적이 있다. 그는 여린 사람이었고 혼란을 겪고 있었다. 그와 한 시간 가량 산책하고 주차장으로 돌아와 인사를 나누는데 갑자기 자신의 이야기를 잘 들어줘서 고맙다는 인사를 받았다. 정말 고마워하는 그의 진심이 느껴졌다. 그가 차에 타는 순간, 나는 이렇게 인사를 건넸다.

"잭, 당신은 사람들을 치유하는 사람이에요. 그만큼 책임감이 따르겠지만 가끔은 자신을 측은하게 생각해도 괜찮아요."

그는 처음에는 놀란 눈치더니 이내 두 눈 가득 눈물이 고인 채 가만히 서 있었다. 그러고는 미소를 지으며 내게 말했다.

"그 말씀이 저에게 커다란 의미를 주었어요. 표현할 수 없을 정도로 말이죠."

세상에는 일정한 법칙이 있어서 바닥을 치면 다시 올라가기 마련이다. 그 오르내림 속에서 이전까지 갖지 못했던 건강한 통찰력과 태도를 지니게 되고, 새로운 에너지가 생겨난다. 앤 모로 린드버그Anne Morrow Lindberg의 말이 맞았다.

"삶을 가장 소진시키는 것은 자신이 안전하지 못하다는 느낌을 받을 때이다."

우리는 스스로에게 친절하면서도 냉철해야만 한다. 지금까지 누군가를 돕고 치유하는 일을 하면서 자신에게 친절하지 못해 끔찍한 결과를 낳는 경우를 너무도 많이 보아왔다.

나 역시 힘든 시기를 겪는다. 조용히 창문 밖을 내다보며 길을 잃고 혼자 남겨졌다는 생각에 사로잡힐 때가 한두 번이 아니다. 슬픔에 휩싸여 숨이 막힐 듯하다가, 그마저도 사라지고 아무 감각 없이 멍하니 놓여 있는 기분, 마치 긴 잠이나 병상에서 깨어난 듯 그 자리에 가만히 존재하는 기분 그리고 서서히 영혼의 에너지가 회복되어가지만 여전히 죽은 듯 멈춰 있는 기분을 아는지……

　나는 언제나 열정적이었다. 늘 무언가를 원하고, 높은 곳을 바라보며 성공을 좇았다. 간혹 교만하기도 했고 그만큼 이기적이었다. 극도로 힘겨울 때, 그래서 삶의 바닥을 치고 올라가는 순간에도 과거의 본래의 모습을 고스란히 간직하고 있다고 확신했다. 그런데 무슨 이유에서인지 실패의 경험은 내 영혼을 고요히 잠재워 주었다.

　지금은 다르다. 이제 나는 성공을 중요한 가치로 여기지 않는다. 솔직히 조금 우스워 보인다. 성공이 내면의 평안과 기쁨에 아무런 관계가 없다는 것을 알게 되었다. 나는 여전히 다른 사람에게 친절하게 대하고 싶고, 어쩌면 더욱 자비를 베풀어야 한다고 느끼는지도 모른다. 하지만 분명한 것은 나는 '실패'했다고 느낀 경험을 통해 냉철함과 친절함을 능숙하게 결합시킬 수 있게 되었다. 이제 나는 다른 사람과 대립하기보다 가급적 친절하게 상황을 설명하고, 동시에 냉철하게 상황을 풀어나감으로써 그들 스스로 자신이 처한 상황을 올바로 판단할 수 있도록 도움을 주고 있다.

　무엇보다 실패를 맛본 이후 내게 나타난 극적인 변화는 '사람들을 실망시키면 어떡할까' 하며 전전긍긍하던 두려움을 떨쳐냈다는 것이다. 나는 가능한 한 최고의 사람이 되고자 노력했다. 글을 쓸 때에도 최대한 솔직하게 생각을 정리하려 최선을 다했다. 가족과 가까운 친구들을 언제나 우선순위에 놓았고, 직장 동료를 돕기 위해 젖 먹던 힘을 다했다. 이러한 나의 진심 어린 마음이 다른 사람들에게 전해지길 원했다.

하지만 때때로 사람들은 내 노력을 모르는 듯했다. 나는 그저 다른 사람들을 가엾게 여기고, 그들이 환영받고 있다고 느끼게 하려 했을 뿐인데, 사람들은 내 노력을 의심의 눈초리로 바라보았다. 어떤 사람들은 다른 사람과 비교하며 교묘한 방식으로 내 노력이 충분치 않다고 말했다. 그때마다 유대 속담이 머릿속에 떠올랐다.

"빨리 잠들어버려라. 우리도 베개가 필요하다! 누군가가 나에게 빨리 자라고 재촉할수록 오히려 빨리 잠들 수 없음을 의미하는 속담. 이와 달리 저 자는 다른 사람의 말에 영향을 받지 않았다."

다행히 다른 사람을 기쁘게 해주는 데 삶의 의미를 찾는 나 같은 사람에게는 그들의 부정적인 반응이 상처로 남지는 않았다. 물론 나도 가끔은 실패를 경험했다. 스스로를 사랑하고, 내가 좋아하는 일을 하고 있지만 그만큼 부족한 것도 많다는 것을 잘 알고 있다. 이 글을 쓰고 있는 지금이야말로 그 한계를 뼈저리게 느끼고 있다. 하지만 역설적으로 그 어느 때보다도 잘해내고 있다는 것도 잘 알고 있다.

이처럼 결코 흔치 않은 깨달음을 통해 내 맘 한구석에 자신감이 소리 없이 생겨났다. 실패한 기억이 안겨주는, 좀처럼 나를 떠나지 않는 슬픔 옆에 자신감이 나란히 자리했다. 가족과 친구, 동료, 내게 의지하는 사람들, 무엇보다 나 자신을 위해서라도 나는 무너질 수 없었다. 지금 나는 살아가면서 처음으로 경기장을 가로질러 골문 앞에 당도해 골을 넣기 직전의 어린 소년인지도 모른다. 나는 그 소년을 번쩍 들어 올려 옷에 묻은 먼지를 털어주고, 미소를 지으며 이렇게 말하려 한다.

"잘 찾어."

그 순간 나는 내가 괜찮아질 거라는 사실을 알고 있다. 성공했기 때문이 아니다. 내 노력으로 사람들이 행복해져서가 아니다. 그건 바로 내가 더욱 좋은 사람으로 살고 싶어한다는 사실을 깨달았기 때문이다. 하나님, 가족 그리고 친구들의 사랑으로 나는 꼭 그렇게 살아갈 것이다. 이제야 쇼펜하우어의 말을 이해할 수 있을 듯하다.

"우리는 다른 누군가가 되기 위해 자신의 4분의 3을 잃고 만다." 지난 수년 동안 내가 사람들에게 무엇을 가르쳐왔는지 알 것 같다.

잊지 말자. 당신은 더 좋은 사람이 되기 위해 그저 다른 사람이 되려고 했을 뿐이라는 걸.

냉철함

친절함이 살아가는 데 필수적이었듯이 삶 속에는 용기 있는 냉철함이 함께해야 한다. 우리는 뒷걸음질치고 싶을 때일수록 더욱 깊이 삶 속으로 스며들어가 삶을 똑바로 바라보아야 한다. 때때로 아픔이 될 수도 있지만 우리는 가능한 한 삶 속에서 냉철함을 찾아야 한다.

어린 시절의 어느 날, 어머니는 여름 식물을 심기 위해 두 개의 커다란 화분을 준비해오라고 했다. 나는 어머니의 말이 무얼 의미하는지 잘 알고 있었다. 오래되어 말라버린 봄 나무를 뽑아내고 그 자리에 새 비료를 뿌리기 위해서였다. 나는 어머니가 시킨 일을 마치고 제법 기특한 일을 해낸 듯 자랑스럽게 외쳤다.

"엄마, 다했어요!"

어머니는 내 옆으로 다가와 막대기를 물통 속으로 찔러넣더니 잠시 후 웃으며 나를 쿡쿡 찔렀다. 그리고 신나는 듯한 표정으로 놀려댔다.

"맙소사, 넌 꼭 암탉 같구나. 표면만 살짝 긁어놓았어."

나는 잔뜩 궁금한 표정으로 어머니를 바라보았다. 어머니는 나를 두 팔로 감싸안고 손으로 땅을 가리켰다.

"여기를 보렴. 땅속 깊이 파고들어서 속에 있는 흙을 흔들어야 해. 그래야 공기가 안으로 들어갈 수 있고, 깊은 땅속까지 비료가 잘 섞일 수 있단다."

잠시 후 어머니는 새로운 식물을 꺼내왔고, 나는 꼿꼿하게 엉켜 있는 뿌리를 흔들었다. 그러면서도 혹시 이런 거친 손놀림이 나무에 좋지 않은 영향을 끼치는 건 아닌지 걱정스러웠다. 하지만 어머니는 따뜻하게 웃으며 "흔들어 깨우는 건 식물의 성장을 위해 아주 좋은 거야"라고 격려를 아끼지 않았다. 그리고 자리를 떠나며 덧붙였다.

"나무를 흔들어주면서 마지막에 무엇이 남는지 잘 생각하렴."

지금 나는 그때 어머니의 말이 무엇을 의미하는지 알 수 있다. 나는 요사이 힘든 시간을 보내고 있었다. 지난 수년간 고통과 트라우마가 만들어놓은 삶의 변화를 피하려고만 했다. 하지만 지금 나는 그 시절 어머니의 말처럼, 흙 속으로 손을 깊이 넣어 공기가 통할 수 있도록 충분한 공간을 만들어주고, 새로운 자리로 옮겨심기 전까지 식물의 뿌리를 털어주었다. 어느새 뺨을 타고 흐르던 눈물은 흙을 부드럽게 적셔주었고, 그렇게 나는 식물도 나 자신도 지금이 힘든 순간을 잘 이겨낼 거라 믿게 되었다. 고통을 피하거나 두려워하지 않을 때, 우리를 찾아온 아픔이라는 불청객은 새로운 삶을 향한 전환점이 되어준다.

살아가면서 냉철함은 우리가 회피하고, 붙잡고 놓지 못하거나 두려워하는 것을 파악하는 데 도움이 된다. 집착과 걱정, 과도한 기대는 분노와 우울, 스트레스를 느낄 때 더욱 선명해진다. 이러한 감정은 우리가 지금 힘든 상황에 처해 있거나 상실의 슬픔을 겪고 있다는 증거이다. 물론 무언가를 다른 것보다 좋아한다는 것은 나쁜 일이 아니다. 사람들에게 좋은 모습으로 비치고 많은 재능을 갖고 있는 것도 나쁘지 않다. 하지만 사람들에게 비치는 이미지나 우리가 소유한 그 무엇이 인생의 전부는 아니다. 아니, 우리가 그것들을 내버릴 때 비로소 정직하고 자유로워진다. 어린아이처럼 잘못을 숨기려하지 말고, 지금 있는 그대로를 받아들일 때 우리는 좀 더 다른 삶을 살 수 있다.

내 딸 미카엘이 네 살이었던 시절, 하루는 아파트 전체가 정전이 된 적이 있었다. 다행히 날씨가 좋아서 아내는 집에 있느니 딸아이를 데리고 공원에 나가자고 했다. 우리는 정전 때문에 작동하지 않는 엘리베이터를 놔두고 계단을 걸어 8층에서 내려가야 했다. 그런데 불이 꺼져 깜깜해진 계단 입구에 들어서자 딸아이가 멈칫거렸다. 아내는 딸에게 이유를 물었고, 아이는 답했다.

"저 안에 괴물이 있을지도 몰라요!"

아내는 "이곳엔 괴물 같은 건 없단다"라고 다독여주었다.

하지만 딸아이는 잠시 말을 멈추더니 이렇게 대꾸했다.

"그걸 어떻게 알아요. 엄마도 어두워서 아무것도 안 보이면서!"

이처럼 냉철함은 현실을 똑바로 직시하기 마련이어서 방어적인 태도나 변명 뒤로 숨지 않는다. 만약 우리가 진실을 회피하고자 하는 성향이 있다면 몇 가지 유혹을 떨쳐내야 한다. 다른 사람을 탓하고(이것은 건방진 일이다), 스스로를 마구 채찍질하지(이건 무식한 짓이다) 말아야 하며 성장의 결실을 너무 성급하게 기대하지 말아야 한다. 교만하고 무신경하고 낙심하는 대신 우리는 냉철함을 지녀야 한다. 동시에 적당한 속도를 유지해야 한다. 4세기경, 사막의 수도사로 불렸던 아바 마카리우스Abba Macarius는 이렇게 조언했다.

"모든 것을 이해하려고 노력하지 마라. 감당할 수 있을 만큼만 이해하고, 그 이해가 자신에게 도움이 되도록 만들어라. 그렇게 하면 이해할 수 없는 일이 저절로 눈앞에 선명해질 것이다."[6]

냉철함을 갖기 위해서는 삶의 속도를 늦춰 사색과 성찰의 시간을 가져야 한다. 우리는 대부분 하루 동안 일어났던 일들을 어렴풋이 인식할 뿐, 그 안의 세세한 경험을 즐기려 하지 않는다. 그 속에서 겪었던 사람들과의 소통을 충분히 음미하지 않는다. 하지만 삶의 속도를 적절히 유지하고 짧게나마 사색과 성찰의 시간을 가짐으로써 우리를 망가뜨린 부정적인 습관이 무엇인지 간파할 수 있다. 소걀 린포체는 『삶과 죽음에 관한 티베트의 책The Tibetan Book of Living and Dying』에서 이렇게 말하고 있다.

> 우리는 이미 너무나 완벽하게 훈련되어 있다. 시기하고, 빼앗고, 불안하고, 슬퍼하고, 조급해하고, 욕심을 부리고, 우리를 자극하는 모든 것들에 화를 내도록 훈련되어 있다. 이러한 감정들이 일부러 노력하지 않아도 저절로 생겨나는 지경까지 말이다. 어떤가? 끔찍하지 않은가. 하지만 사색과 성찰을 통해 우리의 마음은 여기에서 벗어날 수 있다. 시간을 내어보자. 인내와 연단, 올바른 훈련을 통해 망상이라는 이름의 얽혀 있던 매듭을 풀어보자. 행복과 냉철함이라는 삶을 구성하는 필수 요소에 눈을 뜨는 당신을 발견할 수 있을 것이다.

스스로에게 정직하기란 쉬운 일이 아니다. 아무것도 숨김없이 모든 걸 열어놓았다고 당당히 외치는 그 순간에도 우리는 솔직하지 못할 때가 많다. 이러한 자기기만은 —아주 사소한 일이더라도— 우리에게 크나큰 어려움을 불러온다. 아프리카의 속담이 이를 말해준다.

"모르는 건 나쁘다. 그러나 알려고 하지 않는 건 더욱 나쁘다."

삶을 냉철하게 바라보는 일은 스스로를 정직하게(동시에 친절하게) 바라보는 것을 목표로 삼는다. 냉철함을 유지할 때 우리는 과거의 잘못으로 인한 죄책감 때문에 영적 침체에 빠지거나 과거에 얽매이는 것으로부터 벗어날 수 있다. 과거의 잘못에 대해 진실로 참회할 수 있다. 그 결과 우리는 삶을 새롭게, 즉 자존감과 열정을 갖고 살아갈 수 있다. 친절함과 냉철함의 조합은 인생을 지혜롭게 살아가기 위한 최상의 레시피이다.

질문을 던져보자. 우리는 지금 친절함과 냉철함, 그 둘의 균형을 잘 맞추며 살아가고 있나? 만일 그렇지 않다면 둘 중 무엇을 더 늘려야 균형을 맞출 수 있을까? 이렇듯 살아가며 때때로 단순하지만 결코 간과할 수 없는 물음을 던져야 한다. 그 질문이 자신과 다른 사람을 어떻게 대해야 할지를 조절해줄 것이다.

사소한
행동 속에서
사랑을 찾자

친절함은 인생을 바꾸어준다. 우리는 자신에게 친절해야 하며 다른 사람에게도 마음을 열어야 한다. 긍정의 말 한마디 혹은 소소한 여러 가지 방법으로 우리를 배려해주는 사람은 많다. 하지만 우리는 이를 당연시하며 고마워할 줄 모른다. 그들의 든든한 지원이 나에게 얼마나 큰 힘이 되는지 잊고 산다.

가족이나 친구들은 친절한 말 한마디로, 따뜻한 전화 한 통으로 우리를 챙겨준다. 나 대신 사소한 일을 해주는 경우도 있다. 그러나 이런 친절은 주목받지 못한 채 잊히고 만다. 우리는 받는 것에 너무 익숙해진 나머지 나를 아껴주고 챙겨주는 사소한 행동을 의식하지 못한다. 그리고 작은 배려들이 사라진 후에야 비로소 그것들을 그리워한다.

만약 우리를 도와주는 사람들에게 감사하는 마음을 가진다면 그들에 대한 우리의 행동은 분명 바뀔 것이다. 주변의 친절에 감사하는 마음을 가질 때 우리는 좀더 나은 사람으로 자라나고, 자신의 부족함을 자책하거나 좌절하는 일이 없어진다. 우리 곁에 존재하는 사람들의 사랑도 가득 느낄 수 있다. 그들은 우리가 혼자가 아니라는 것을 상기시켜주는 삶의 지표이다.

언젠가 상담사 한 분이 자신의 고등학교 시절에 관한 이야기를 들려준 적이 있다. 이야기는 내가 말하고자 하는 요점을 잘 보여준다.

고등학교 2학년 시절 나는 농구 선수로 활약했다. 선배나 후배에 비해 주목받지 못했던 2학년이었던 나와 동기들은 하루 훈련을 마치고 여덟시부터 열시까지 야간 훈련을 따로 받아야 했다. 그래서 나는 매일 밤 연습을 마치고 어두운 골목을 따라 귀가해야만 했다. 왼편으로 울창한 나무숲이 펼쳐진 길고 가파른 길을 희미한 불빛에 의지해 올라가는 걸 끔찍이 싫어했던 기억이 지금도 생생하다. 안전한 동네였지만, 숲을 지날 때마다 누군가 숨어서 지켜보다가 덮칠 것만 같았다. 그래서 집에 도착하자마자 엄마에게 생떼를 쓰곤 했다.

― 누가 나 좀 데리러 오면 안 돼요?

엄마의 답은 한결같았다.

― 안 돼.

당시 아빠는 야간학교를 다니고 있었고, 엄마는 직장에서 야간교대 근무를 하고 계셨다. 그런 상황이 마뜩지 않아서 농구부를 그만둘까 생각했지만 엄마의 답은 언제나 같았다.

— 집에 오는 게 무섭다고 그만두는 건 아니지.

나는 할 수 없이 연습을 계속했고 불평은 커져만 갔다. 그러던 어느 날 야간 훈련에 열중하고 있는데 비가 억수같이 내리는 소리가 들렸다. 저 폭우를 뚫고 집에 갈 생각을 하니 앞이 캄캄했다. 바로 그때 드리블 연습을 마무리하고 있는데 체육관 문이 열리더니 한 남자가 들어왔다. 아빠였다!

— 아빠, 여기서 뭐하세요?

— 오늘 비가 너무 많이 내려서 수업이 일찍 끝났어. 그래서 데리고 갈까 생각했지.

나는 너무 기쁜 나머지 허겁지겁 짐을 챙겨 나왔다. 차에 올라타고 드디어 그 악명 높은 어두운 언덕을 올라갔다. 절반쯤 올랐을까. 저 멀리 언덕 끝에 누군가가 서 있는 게 보였다. 바로 엄마였다!

나는 재빨리 뒷좌석에 몸을 숨겼고 아빠는 창문을 조금 내렸다.

— 비가 이렇게 내리는데 여기서 뭐하는 거야?

— 신디 기다리고 있죠.

나는 뒷좌석에서 크게 소리쳤다.

— 엄마, 저 여기 있어요. 어서 타세요.

엄마가 차에 오르자 나는 조용히 물었다.

— 왜 저를 기다리고 계셨어요?

그때의 엄마의 대답을 결코 잊을 수 없다.

— 네가 어두운 언덕을 올라오는 걸 싫어하잖아. 그래서 엄마가 언덕에 서 있는 걸 보면 네가 무섭지 않을 것 같아서.

나는 먹먹한 마음에 가만히 앉아 있었다. 엄마는 내가 무서울까봐 밖에 나와 계셨던 거다. 그것도 거센 폭풍우 속에서. 그때 내 마음을 스치는 생각은 한 가지뿐이었다.

'나는 정말 사랑 받는 아이구나. 부모님도, 하나님도 나를 진실로 사랑하고 계시는구나.'

그 순간, 나는 내가 살아 있음을 느꼈다.

18년이 지난 지금도 그때의 경험은 너무도 선명하고 강하게 머릿속에 남아 있다. 지금도 가끔씩 그 생각을 하면 말할 수 없는 뭉클함을 느낀다. 특히 해가 저물고 어둠이 나를 막아 세울 때, 앞으로 한 발도 나아가지 못할 때, 모든 걸 잊고 잠들어버리고 싶을 때마다 나는 그날 나를 데리러 와준 아빠와 언덕 끝에 서 계시던 엄마를 생각한다.

살아가면서 우리는 다른 사람을 사랑할 소중한 기회를 놓치는 것만큼 우리가 사랑받고 있다는 사실을 잊는다. 여기 테레사 수녀의 일화를 소개한다.

어느 늦은 밤, 한 남자가 우리 집에 찾아와 말했다.

— 저는 여덟 명의 자녀들이 사는 집을 알고 있습니다. 그런데 그 아이들은 며칠째 한 끼도 먹지 못하고 있답니다.

나는 음식을 챙겨 그 가족을 찾아갔다. 집에 도착하자 굶주림에 일그러진 어린아이들이 나를 맞았다. 아이들의 얼굴에는 아픔도 슬픔도 아닌, 그저 굶주림으로 인한 깊은 고통이 가득했다. 나는 아이들의 엄마에게 쌀을 건넸다. 그녀는 쌀을 절반으로 나누더니 어디론가 사라졌다. 잠시 후, 그녀가 돌아왔다.

— 어디 갔다 오신 거예요?

그녀는 짧게 대답했다.

— 옆집에요. 거기도 밥을 먹지 못하고 있거든요!

솔직히 나는 그녀가 쌀을 옆집과 나누었다는 사실이 그리 놀랍지 않았다. 가난한 사람들이 오히려 넉넉한 인심을 지닌 경우가 많다는 걸 알고 있었다. 그럼에도 불구하고 그녀가 이웃집도 굶주리고 있다는 사실을 알고 있다는 데 놀랐다. 사람이란 자신이 힘든 일을 겪고 있을 때 본인의 문제에 집중한 나머지 다른 사람을 생각하지 않기 때문이다.[7]

다른 사람이 어려운 일을 겪고 있다는 걸 알더라도 상황은 달라지지 않는다. 우리는 대부분 나의 필요와 해야 할 일 그리고 해결해야 할 사소한 문제에 휩싸여 다른 사람의 어려움을 잊는다. 우리가 해줄 수 있는 일이 참 많다는 걸 생각하면 애석한 일이 아닐 수 없다. 이제라도 우리는 '나 중심'이 아닌 '남 중심'의 행동을 통해 내 안의 따뜻한 마음을 키워 나가야 한다. 다른 사람에게 진실하고 세심하게 관심을 기울이는 사람의 마음은 평화와 기쁨으로 가득 차 있다. 그러나 그런 마음을 갖기란 어렵기만 하다. 우리는 나도 모르게 자신의 이익을 위해 행동하고 목소리를 낸다. 본인이 그러하다는 사실조차 의식하지 못한 채로.

놀랍게도 부유한 사람들이 가난한 사람들보다, 종교인이 단순한 믿음을 가진 이들보다 더 심하다. 수년 전, 아내가 위중한 병으로 급히 수술을 받아야 한 적이 있었다. 나는 아내의 곁에 있기 위해 종교 행사에서 갖기로 한 연설을 취소해야만 했다. 그래서 주최 측에게 내 상황을 알리기 위해 전화를 걸었다. 전화를 받은 관계자는 행사가 열리는 볼티모어 쪽으로 연락해보라고 말해주었다. 나는 다시 그쪽으로 전화를 걸었지만 응답하는 사람이 없었다. 결국 나는 처음 전화를 받은 관계자에게 전화를 걸어 사정을 이야기했다. 그녀는 내가 어떻게든 연결이 닿도록 자신이 알고 있는 전화번호 리스트를 죄다 알려주었다. 내가 고맙다는 인사를 전하고 전화를 끊으려는데 그녀는 남부 워싱턴 D.C의 억양이 섞인 나지막한 목소리로 말했다. "연락이 잘 안 되어서 유감이에요."

나는 그녀의 걱정 섞인 말에 깊이 감동 받았다. 누구라도 그런 곤경 속에서는 누군가의 따뜻한 위로가 필요한 법이다. 내가 제아무리 전문 심리 치료사여도 말이다.

전화를 끊고 나는 전화 리스트에 적힌 첫번째 사람과 통화했다. 연결이 되어 다행이라는 마음으로 내 소개를 하고 아내가 수술을 받아서 강의를 취소해야 할 것 같다고 하자 전화를 받은 여자가 대답했다.

"아, 그러시군요. 담당자에게 얘기해야 할 것 같은데요."

그녀는 나를 담당자에게 연결시켜주었고 나는 다시 사정을 설명했다. 담당자는 누가 들어도 짜증 섞인 말투로 대답했다. "이런, 이런……" 그녀는 잠시 말을 멈췄고 나는 당연히 위로의 말을 덧붙일 줄 알았다. 하지만 내 예상과 다른 말이 이어졌다.

"아시다시피 그쪽이 강의를 온다고 해서 광고를 엄청 해놓았어요."

당황스러웠다. 솔직히 큰 충격을 받아 대꾸조차 하지 못했다. 물론 그녀의 대응은 충분히 이해할 만하다. 하지만 아내가 수술을 받게 될 사람에게 그런 말을 했다는 사실을 받아들이기 힘들었다. 나는 얼버무릴 수밖에 없었다.

"글쎄요. 저도 어떻게 할 수가 없네요."

그리고 수화기를 내려놓았다.

전화를 끊고 상황을 곰곰이 돌아보고 기도를 해보았지만 솟구쳐 오르는 화를 억제할 수 없었다. 그러나 동시에 사람들이 나의 도움을 필요로 할 때 내가 얼마나 형편없이 행동했는지를 깨닫게 되었다. 나에게 필요한 것은 담당자에게 화를 내는 게 아니라 '다른 사람을 배려할 수 있는 순간'을 놓친 그녀를 오히려 위로하는 것이었다. 고백하건대, 그로부터 고작 두 달 뒤, 나는 어머니가 응급실에 실려가는 바람에 내 글을 감수하기로 한 약속을 지키지 못한 동료를 책망했다. 그의 사정을 안타까워하기보다 일정대로 일이 진행되지 않아 실망하고 만 것이다. 심지어 아주 잠시 이런 생각을 하기도 했다.

'병원 대기실에서 내 원고를 읽을 수도 있잖아.'

나란 사람, 참 대단하다!

나만의 일에 빠진 나머지 다른 사람을 격려하고 응원할 수 있는 기회를 놓친다는 것은 참으로 슬픈 일이다. 그 순간을 흘려보낸다는 것은 따뜻한 마음을 가지려는 우리의 노력이 실패로 돌아간다는 것을 뜻한다. 살아가며 기쁨과 슬픔을 모두 느끼고 공유하는 것은 매우 소중한 일이다. 안타깝게도 우리는 그것을 느끼는 데 실패하고 만다. 가까운 친구들의 격려와 지원, 하나님과의 깊고도 다채로운 관계. 앞이 보이지 않는 막막한 순간에도 두 가지를 잘 조화시킬 때 우리가 미처 기대하지 못했던 방향으로 삶은 옮겨가게 된다.

　교회에서 목회자와 상담한 한 신도의 일화도 마음에 새길 만하다. 그녀는 얼마 전 오랫동안 병마와 싸우던 소중한 아이를 잃었다. 하지만 그녀는 그 일을 통해 하나님을 향한 믿음이 더 풍성하게 되었다고 고백하고 있다. 여기 아픔에도 '불구하고'가 아닌 아픔 '덕분에' 삶의 변화를 맛본 그녀의 이야기를 소개한다.

　어느 사순절기에 저는 딸아이의 병으로 고통을 겪고 있었습니다. 저는 예수님의 희생에 집중하며 기도에 힘썼습니다.

　─ 주님, 당신의 자녀를 저에게 보내주시고, 제 곁에서 눈을 감게 해주셔서 감사합니다.

　얼마 지나지 않아 기도의 응답을 받게 되었습니다.

　─ 베키를 돌봐줘서 고맙구나.

　그 진실한 순간에 저는 성령과 대화를 나누고 있음을 확신했습니다. 비록 순식간이었지만, 나를 찾아온 주님을 절대로 잊지 못할 것입니다. 그것은 마치 일어나지 않았던 일처럼 순식간에

왔다가 사라졌습니다. 주님께서는 나를 믿고 그의 어린양을 보내어 잘 보살펴달라고 하셨습니다. 지금도 그날을 묵상하며 스스로에게 묻곤 합니다.

— 내 딸이 숨을 거뒀을 때 주님은 어떤 기분이었을까?

그전까지 저는 단 한 번도 그런 물음을 품은 적이 없었습니다. 지금도 그 물음에 답하기에 저의 믿음은 많이 부족합니다. 하지만 언젠가 그 물음에 답할 날이 올 때, 주님의 사랑과 겸손을 지금보다 좀더 깊이 이해할 거라고 믿습니다.

이제 얼마 있으면 로욜라 대학Loyola College에서 '공동체'라는 이름으로 가졌던 이 시간을 마쳐야 한다고 생각하니 만감이 교차합니다. 이곳에서 읽은 『긍휼Compassion』이라는 책의 한 구절이 생각납니다.

"하나님의 자비하심에 대한 믿음은 내가 속한 공동체 안에서 그분의 존재를 경험하는 일과 절대로 분리될 수 없다."

그 책을 통해 저는 '공동체' 안에서 다른 사람들과 관계를 잇기 위해 노력해야 한다는 것을 알았습니다. 마치 이곳 로욜라 대학에서 제가 도움을 얻은 것처럼, 우리에겐 공동체가 존재한다는 것과 주 안에서 내가 누구인지 알기 위해 성령의 지혜를 구하는 일의 중요성을 깨달았습니다. 그 깨달음을 통해 내가 다른 사람들을 위해 존재한다는 사실을 주님은 말씀하셨습니다.

자신과 하나님 그리고 사람들을 바라보는 새로운 눈을 갖게 된 그녀는 삶의 현장 곳곳에서 달라진 삶을 체험할 것이다. 하지만 이어지는 그녀의 고백을 통해 우리는 이러한 깨달음이 정작 가장 가까운 가족에겐 쉽지 않다는 것을 알 수 있다.

　　2001년 어느 금요일, 사촌이 저를 불렀습니다. 그녀는 몹시 심란한 얼굴로 그날 아침 태어난 지 6주밖에 안 된 증손녀가 세상을 떠났다고 말했습니다. 그 작은 생명은 부모 사이에서 잠을 자다 그만 질식하고 말았습니다. 그렇게 나는 장례식과 묘지를 마련하는 일을 돕기로 했습니다. 그 일은 내 아이를 잃었을 때도 해봤던 일이었습니다. 다음날 아침, 나는 묘지에 와 있을 사촌과 그의 아들과 아내에게 무엇을 선물할지를 생각했습니다. 대체 무엇이 그들을 위로해줄 수 있을까 고민했습니다. 내가 가진 거라고는 나 자신뿐이었기에, 나는 나 자신을 내가 줄 수 있는 가장 좋은 선물로 삼았습니다. 나는 기도했습니다.

　　― 하나님, 저로 하여금 슬픔에 빠진 이 부부와 아이의 할머니 곁에 함께 있게 하셨듯이 저와 함께해주세요. 성령이여, 내가 진실로 그들에게 힘이 될 수 있게 해주세요.

　　그날, 나는 내 안에 생각보다 더 큰 힘이 내재해 있다는 사실을 깨달았습니다. 나는 생각보다 그들에게 줄 수 있는 게 많았습니다. 로욜라 대학에서의 공동체 훈련을 마치고 이 글을 쓰는 지금, 나는 그동안 하나님을 믿으면서도 정확히 알지 못했던 믿음의 근원을 알게 되었습니다. 세상을 살아가는 내 힘과 가능성이 어디에서 나오는지를 볼 수 있었습니다. 교회에서 신자들을 상담하는 일은 결코 혼자 할 수 없는 일입니다. 그렇기에 나는 그 일을 다른 사람들과 함께하게 해주신 하나님께 감사드립니다.

그녀는 자신이 하나님과 가족, 친구들의 사랑을 매일 새로운 방식으로 받고 있음을 깨달았다. 어떤 어려운 일이 찾아와도 그 속에서 주님의 뜻을 발견하고 그 일조차 이미 예비된 것임을 믿음으로 순종하게 되었다. 그건 우리도 마찬가지여서 자신과 사람들을 긍휼히 여기고 사랑하는 마음을 통해 인생의 모든 순간을 인내할 수 있다. 우리는 알아야 한다. 위대한 사랑은 우리가 바라는 크고 대단한 행동이 아닌 지극히 사소한 행동에서 나온다는 것을. 우리가 누군가에게 사랑을 주고 반대로 사랑을 받는 일은 엄청난 특권이라는 것을. 그 사실을 깨달을 때 인생이라는 이름의 발걸음은 뒷걸음질치지 않는다는 것을.

하루하루
균형잡힌
시각을 갖자

　　몇 년 전, 나는 조금 독특한 여자를 만났다. 그녀는 매사에 부정적이었지만 묘한 매력을 지녔다. 아주 우울한 편은 아니었지만, 시쳇말로 매사에 부정적이었다. "모든 구름의 뒤편은 은빛으로 빛난다Every Cloud has a Silver Lining"는 속담과 달리 그녀는 마치 구름을 찾아다니는 은빛 같았다. 그러나 그녀의 요구를 무조건적으로 들어주거나 그녀에게 어떤 삶의 기준을 강요하지만 않는다면 장점도 많은 사람이었다. 나는 그녀가 간간이 내뱉는 부정적인 말을 귀담아듣지 않고 장난도 쳐가며 그녀의 내면의 아름다움을 볼 수 있었다. 그녀가 감사하는 마음을 지니지 않음으로써 삶에서 놓치는 게 많다는 사실을 굳이 깨우쳐주려 하지 않았다. 대신 가급적 자연스럽게 대하려 노력했다.

　　하지만 그녀의 가족들은 그녀에게 감사하는 마음을 가질 것을 강요했고, 그때마다 그녀는 화를 참지 못했다. 나는 달랐다. 조금 뒤로 물러나 그녀를 있는 그대로 인정해주었다. 그녀의 문제를 나도 잘 알고 있다는 사실을 느끼게 해주었다. 그녀는 유일하게 자기를 이해해주는 나를 고마워했다.

내가 그녀를 '고치려 들지' 않았기 때문에 우리는 충분히 즐거운 만남을 가질 수 있었다. 나는 그녀의 부정적인 말과 행동으로부터 일정한 거리를 유지했다. 동시에 다른 사람과 달리 그녀에게 빠른 변화를 기대하거나 강요하지 않았다. 그렇게 나는 그녀가 갖고 있는 부정적인 구름 속으로 빨려 들어가지 않을 수 있었다. 어쩌다 그녀의 부정적인 말에 영향을 받게 될 때면 그녀가 아닌 나 자신에게도 탓을 돌렸다. 그녀와 있다보면 알 수 없는 죄책감에 빠지곤 했다. 하지만 그녀와의 거리를 조절하는 과정을 반복하면서 나는 마치 게임을 하는 듯 재미를 느꼈다.

이번에는 나는 그녀의 가족이 그녀와 좀더 즐거운 시간을 보내도록 돕기로 했다. 물론 정상적인 방식으로는 불가능했다. 그들도 이 과정을 게임처럼 여기기 바랐다. 우선 나는 그녀의 집에 방문하거나 그녀와 통화할 때(그녀는 아이들의 어머니였다) 마치 모르는 사람과 대화를 하는 기분으로 해야 한다고 말했다. 그들은 서로 거리를 둬야 했다. 그녀가 마치 오랫동안 치료를 받아 세상과 단절된 채 산 사람인 양 대할 것을 요청했다. 이런 방법을 통해 가족들은 그녀에게 기대를 접을 수 있었다. 특히 엄마의 부정적인 태도에 쉽

게 노출되었던 아이는 엄마가 따뜻한 위로의 말을 건넬 거라는 기
대를 내려놓을 수 있었다. 매일 거듭된 연습을 통해 그녀와 가족
사이의 부정적인 고리를 결국 끊을 수 있었다. 자녀들은 엄마와 대
면하는 동안 상처를 받지 않아도 되었고 엄마 역시 아이들의 관심
을 받을 수 있게 되었다. 엄마를 향한 기대를 포기하자 자녀들은
오히려 엄마에게 더 많은 것을 해줄 수 있었다.

　　우리가 사람들과 관계를 맺는 데 있어 가장 중요한 것은 일정
한 거리 두기이다. 사람들을 상담하고 치유하는 나 같은 전문가도
거리를 유지하는 데 실패해 과도하게 기대하게 되고 고통에 빠지
게 된다. 매사에 부정적인 사람들은 보통사람에 비해 훨씬 자주 부
정과 슬픔을 마주하게 된다. 우리는 그들이 현재 어떤 감정을 느끼
고 있는지 제대로 파악해야 한다. 불필요한 감정의 수렁에 빨려 들
어가지 않아야 한다. 상대방이 어떻게 균형을 잃지 않는지, 잠시
길을 잃는다 해도 어떻게 다시 돌아오는지를 보며 많은 것을 배울
수 있다. 우리가 슬픔에 빠진 사람을 상대할 때 가장 중요한 것은
바로 거리 두기에 있다.

　"묘지 옆에 살다보면 사람이 죽을 때마다 울 수 없다."
　여기 참으로 적절한 러시아 속담이 있어 소개한다. 우리는 너

무 감정을 이입한 채로 살아간다. 주변에 존재하는 슬픔, 불안, 부정적 성향을 온몸으로 흡수하고 그런 행동을 의무로 받아들인다. 자녀에게 좋지 않은 일이 생겼을 때 울지 않으면, 배우자의 불행에 스트레스를 받지 않으면, 사회의 부조리에 신경이 마비되는 듯한 느낌을 받지 않으면 다른 사람들이 혹은 스스로 비인간적이라고 여기는 듯하다.

특히 나처럼 사람들을 상담하고 돕는 직업을 가진 사람이라면 상대방으로부터 부정적인 영향을 받지 않도록 주의해야 한다. 이를 간과하면 지나치게 스트레스를 받게 되고, 극도의 피로를 느끼거나 부정적인 마음을 갖게 된다. 여기, 전문가들이 사용하는 세 가지 기본 원칙을 기억하기로 하자.

- 누구나 한 번쯤은 무언가에 압도되기 마련이다. 이건 자연스러운 일이니 걱정할 필요 없다. 그러나 너무 자주 반복된다면 사람들과 관계를 맺을 때 균형이 깨졌다는 증거이다. 이 경우 관계의 균형을 회복하는 데 최선을 다해야 한다. 자칫 습관이 되어버리기 전에.

- 누군가를 보살피고 배려한다는 것은 상대방과 충분한 거리를 유지해야 한다는 것을 의미한다. 사랑하는 사람과 나와 깊이 연관된 사람들에게 도움을 주는 것은 좋지만, 그

들의 문제에 휘말려 허덕이지 않도록 해야 한다. 사람들이 자신의 문제를 나에게 털어놓을 때 '속상해하는 사치'를 부리지 말자.

- 누군가 지나치게 나를 간섭해오는 것만 감지해도 정신적인 피로를 피할 수 있다. 우리의 영혼은 민감해서 감정을 과도하게 소모했다고 판단되면 즉시 '레드카드'를 꺼내 든다. 영혼의 레드카드를 보지 못한 사람은 감정의 절벽에 서서 다른 사람을 붙잡고 울고불고하며 다투게 된다. 우리가 도움을 주고 싶은 사람에게 줄 수 있는 가장 훌륭한 선물은 바로 그 사람과의 관계에 지나치게 개입하지 않는 것이다.

- 누구나 한 번쯤은 무언가에 압도된다

누구나 살아가며 한 번쯤 실수한다는 사실은 우리를 편안하게 해준다. 사람들 사이에 보호 장벽을 만들어 자신을 방어하고 싶은 충동을 없애준다. 거리를 유지해야 한다는 걸 알면서도 결국 끌려들어가는 사람들은 자신이 문제에 어떻게 반응해야 하는가를 놓고 문제를 꼬이게 만든다. 그들은 분노와 스트레스를 느끼게 되면 자신을 비난하거나 다른 사람을 원망한다. 스스로 십대 딸아이와의 대화 속으로 깊이 빠져들고서는 나중에서야 딸아이를 이해하지 못

하겠다고 화를 내거나 모든 잘못을 자신과 딸 모두에게 돌리는 것
이 대표적이다. 거의 모든 부모가 자녀와의 다툼이 있고 난 후 온
종일 그 일을 생각하며 스스로를 향한 죄책감과 자녀를 향한 분노
사이를 오간다. 그건 전문 봉사자나 심리 치료사도 마찬가지여서
누구나 한 번쯤 수렁에 빠지고 만다. 중요한 것은 그 일을 통해 하
나라도 배우는 것이다.

- 감정의 신호를 파악하자. 분노, 슬픔, 두려움, 불안, 압
  도된 기분, 긍휼에 민감하게 반응하자. 그리고 한 걸음
  뒤로 물러나자. 잠시 내가 처한 상황에서 조용히 빠져나
  오자. 상담중이더라도 감정에 변화를 느끼면 잠시 밖으
  로 나오는 것도 좋다.

- 자신과 다른 사람을 비난하지 말자. 상대방도 분명 부정
  적인 감정을 느끼고 있을 것이다. 대신 자신이 어떻게 느
  끼는지에 모든 주의를 기울이자. 그 반응을 통해 무언가
  를 배우고 이후 같은 상황에서 어떻게 반응할지를 준비
  하자.

- 다른 사람의 감정에 빨려 들어가는 초기 신호가 무엇인
  지를 파악해보자. 이를 통해 사람들과의 소통 방식에서
  무엇을, 어떻게 개선해나갈지 알 수 있다.

• 스트레스를 받더라도 속상해하지 말자

우리는 쉽게 속상해한다. 사람이라면 누구나 슬픈 영화를 보고 눈시울을 적시곤 한다. 그러나 순간의 감정에 치우치지 않고 상대방의 슬픔으로부터 적당한 거리를 유지한다면 나에게 도움을 청하는 사람에게 진정한 축복이 된다. 하루는 상담을 신청한 환자와 이야기를 나누고 있는데 직장 동료가 사무실로 들어왔다. 그녀는 우리에게 방금 전 자신에게 찾아온 끔찍한 일을 이야기하기 시작했다. 나를 찾아온 환자도 그녀의 이야기에 몹시 슬퍼했다. 반면 나는 한 걸음 물러나 어떻게 하면 그녀의 입장이 되어 분명한 피드백을 줄 수 있을지 고민했다. 그녀가 떠난 뒤 환자가 내게 물었다. 어떻게 이야기를 들으며 함께 슬퍼하지 않았는지 궁금해했다. 나는 우선 그가 진실로 그녀를 가여워하고 걱정했다는 것을 그녀도 느꼈을 거라고 말해주었다. 하지만 도움을 주는 입장에서 내 역할은 외과의사가 수술을 하는 것과 같다고 했다. 우리 두 사람은 각기 다른 방식으로 그녀를 도왔던 것이다.

"그래도 슬프지 않았어요?" 그가 계속해서 물었다.

"물론 슬펐죠. 하지만 슬퍼지려는 순간 제 자신에게 이렇게 말했어요. 저녁이 되어 자리에 앉아 곰곰이 생각할 때까지 감정을 추스르자고."

결국 나는 그녀를 돕는 것은 물론 나의 감정을 차근차근 돌아볼 수 있었다. 상대방의 이야기를 듣고 곧바로 반응하지 않고, 내가 선택한 좀더 나은 시간에 좀더 안전한 곳에서 슬픔의 감정을 떠나보낼 수 있었다. 그 결과 나는 애써 감정을 밀어내려 노력할 필요도, 나중에 남아 있는 감정에 사로잡힐 일도 없었다.

• 지나치게 감정에 몰입하는 순간 '레드카드'를 들어올리자

상대방이 지금 어떤 감정의 반응을 겪고 있는지 최대한 빨리 파악할수록 그 감정에 휘말려 들어갈 가능성은 줄어든다. 물론 우리는 대부분 그렇게 하지 못한다. 내 마음 밖의 사건들이 우리의 심적 반응을 불러일으킨다고 생각하기 때문이다. 하지만 이런 생각은 또다른 문제를 불러일으킬뿐더러 실질적인 도움도 주지 못한다. 어떤 사람이 고속도로에서 갑자기 내 차 앞에 끼어든 것은 분명 부적절하고 위험한 행동이다. 그렇다고 고속도로에서 그 사람을 향해 화를 내고 핏대를 세우는 것만큼 어리석은 일은 없을 것이다. 그러나 대부분의 사람들이 그렇게 반응한다. 일상적으로 벌어지는 이런 일이 사실은 미친 짓이라는 생각을 하지 못한다.

우리는 알아야 한다. 누군가에게 혹은 어떤 사건에 반응할수록 힘이 빠진다는 사실을 깨달아야 한다. 어떤 일로부터 감정이 격해질 때 스스로에게 레드카드를 들어올려야 하는 이유는 자연스럽게 형성되는 부정적인 반응을 자연스러운 중립적인 반응으로 바꾸기

위해서이다. 그렇게 할 때 에너지를 아낄 수 있고 자신을 좀더 알아갈 수 있다. 나아가 긍정적이고 부정적인 사건 모두를 우리에게 가르침을 안겨주는 순간으로 받아들일 수 있게 된다.

누구도 스트레스와 불안을 원하지 않는다. 분노, 억울함, 슬픔을 즐기는 사람은 없다. 사람들은 그러한 감정들이 찾아오면 자신도 모르게 뒤로 물러난다. 자신이나 다른 사람을 원망하거나 지나치게 경계하고 낙담한다. 나에게 어떤 감정이 생겨나면 인생을 성찰하는 배움의 계기로 삼자. 다음의 방법을 참조한다면 어려운 일이 아니다.

- 우리가 겪고 있는 괴로움이 어떤 신호를 보내는지 살펴보기
- 나 자신과 사건을 면밀히 살펴보고 다른 사람에게 일어난 일처럼 거리 두기
- 가급적 나 자신과 다른 사람을 탓하지 않기
- 이러한 경험을 통해 무엇을 배울 수 있는지 스스로에게 질문하기

삶의 고통스럽고 괴로운 순간에서 오히려 배움을 이끌어내는

것은 모든 심리 치료사들이 사용하는 고전적인 방법이다. 심리 치료사들은 자신에게도 동시에 환자들에게도 이 방법을 가르친다. 이를 통해 그들은 자신에게 도움을 요청한 사람들이 무엇에 애착을 느끼는지(가령 다른 사람에게 어떻게 비치는지, 누가 자기를 좋아하는지 등)를 깨닫게 한다. 얼핏 특별해 보이지 않는 이 방법은 생각보다 효과적이어서 진정한 자유를 누리게 하고 삶의 고통이나 스트레스를 완화시켜준다.

나와 세상 사이에
소박함이라는
울타리를 쌓자

내적 삶을 위해 도움이 될 만한 단어가 있다면 바로 '소박함'일 것이다. 우리를 돕기 위해 마련된 영적, 심리적 방법들은 때로 우리를 압도하고 혼란스럽게 한다. 그럴 때면 수년 전 이탈리아에서 미국으로 건너와 작은 가게를 꾸려나가던 한 남자의 소박하면서도 분별 있는 태도가 떠오른다.

남자에게는 부모에게 반항할 만큼 장성한 세 명의 자녀가 있었다. 그중에서도 가게의 회계 업무와 재정 관리를 도와주는 회계사 아들이 그를 가장 힘들게 했다. 어느 날 아버지의 가게를 찾아온 회계사 아들은 그날따라 유달리 짜증 섞인 목소리로 따져 물었다.

"전 아버지를 이해할 수 없어요. 현금은 계산대에 넣어두고, 지출 장부는 담배 케이스에 그리고 외상 장부는 책상 서류꽂이에 대충 보관해두고……. 어떻게 이런 방식으로 사업을 하는 거죠? 이윤이 얼마나 나는지 알고 계세요?"

아들의 말이 끝나자 아버지는 잠시 침묵을 지킨 후 안경을 벗고 입을 열었다.

"애야, 앉아보거라."

아들이 말을 듣지 않자 그는 손으로 의자를 가리키며 다시 한 번 단호한 목소리로 말했다. "앉거라."

아들이 자리에 앉자 그는 엷은 미소를 띠고 얘기했다.

"애야, 내가 미국에 처음 도착했을 때 내가 가진 거라곤 입고 있던 바지 한 벌이 전부였단다. 지금 너의 여동생은 초등학교에서 아이들을 가르치고, 형은 의사 그리고 너는 회계사가 되었지. 나는 차도 있고, 집도 있고 그리고 썩 괜찮은 비즈니스를 꾸려나가고 있지. 이 모든 것을 유지할 만한 현금도 있고. 그러니 그 모든 금액을 더한 다음 거기서 내 바지값을 빼려무나. 그게 바로 이윤이다!"

삶을 소박하게 살아간다는 건 곧 정직하게 살아감을 의미한다. 좀더 쉽게 이해하려면 아이들을 떠올리면 된다. 우리는 아이들로부터 냉철함과 소박함의 미덕을 배울 수 있다. 소박한 마음으로 살아갈 때 우리는 복잡한 현실 속에서 길을 잃고 헤매지 않게 된다. 내 아이 혹은 주변에서 아이들의 이야기를 경청하고 그들의 행동을 관찰하는 것만으로도 우리는 소박함이 무엇인지 느낄 수 있다.

어느 날, 대학교 1학년에 다니는 언니는 어린 동생을 학교로 불러 주말을 함께 보내기로 했다. 주말이 끝나갈 무렵, 언니의 기숙사 룸메이트가 동생을 칭찬했다.

— 내가 본 아이 가운데 제일 착한 것 같아.

언니는 어린 동생을 바라보며 말했다.

— 저 언니 말이 무슨 뜻인지 모르지, 그치?

— 아냐, 알아.

동생이 답했다.

— 내가 언니가 생각하는 것보다 어른스럽게 말하고 행동한다는 거잖아.

언니는 깜짝 놀라 물었다.

— 어머, 어떻게 알았어?

동생은 대수롭지 않은 듯 말했다.

— 그야 내가 조숙하니까 그렇지!

"나는 세상과 나 사이에 소박함이라는 울타리를 쌓고 있다."

소설가 앙드레 지드Andre Gide의 말이다. 우리는 고통을 내 것인 양 받아들이고 모든 것에 감사하고 정직함을 추구해야 한다. 물론 물신주의가 만연한 자본주의 세상 속에서 세 가지 삶의 태도는 세상에 대한 반문화적 접근이라고 할 수 있다.

—

고행의 길과 감사하는 마음

그리스 철학자이자 고행의 주창자인 디오게네스Diogenes는 사람에게는 본디 쉬운 삶이 주어졌다고 말한다. 그러나 사람들은 "꿀, 치즈 케이크 그리고 연고軟膏를 좇아"[8] 쉬운 삶을 망쳤다는 것이다. 디오게네스의 말로부터 700년이 지난 후 초기 기독교 사상가인 요한 크리소스토모스John Chrysostom는 이렇게 말했다.

"아무것도 가진 게 없는 사람, 아니 정확히 말하자면 아무것도 바라지 않고 어떤 것도 개인이 소유할 수 없다고 여기는 사람은 영적으로 모든 것을 소유한다. 그런 사람은 아름다운 골짜기를 바라볼 수 있다. 골짜기의 주인이 누구든 관계없이 그 아름다움에 기뻐할 수 있다."[9]

헨리 데이비드 소로Henry David Thoreau는 소박함의 가치에 대해 조금 다르게 말했다.

"많은 것을 놓아줄 수 있는 사람일수록 부유한 사람이다."[10]

고행이란 말은 좀 가혹하고 극단적으로 들린다. 일정 부분 그런 면이 있는 것도 사실이다. 그러나 중요한 건 우리가 고행을 어떻게 바라보느냐에 달려 있다. 캐슬린 노리스Kathleen Norris는 그녀의 시적인 아름다움이 돋보이는 책『다코타Dakota』에서 고행과 감사함을 적절히 연결시키고 있다.

"(다코타의) 궁핍한 초원의 삶과 수도자로서의 삶은 세상의 소소한 선물들을 커다란 보물로 만들어준다. 사막에 생명이 돋아날 때 제일 먼저 피어나는 꽃 중 하나가 바로 감사하는 마음이다."

그는 이어 이렇게 고행에 대한 정의를 내리고 있다.

"사람을 전인적으로 성장시키기 위해 부족한 상황을 겸허히 받아들이는 것."

클라크 스트랜드Clark Strand는 자신의 책『목재그릇The Wooden Bowl』에서 고행을 이야기하며 스승이었던 중국의 은자 더춘Deh Chun 선생에 관해 적고 있다. 스승은 인생의 말년을 미국 테네시주의 시골에서 보냈다.

더춘과 함께했던 날들은 세상이 중요하다고 말하는 모든 것 ─ 교육, 진보, 돈, 섹스, 사회적 명망 등─ 으로부터 멀어지는 것과 같았다. 다른 것은 전혀 중요하지 않고 오직 살아 있는 지금 이 순간만이 중요하다는 것을 깨닫는 일이었다. 작은 집에 들어앉아 물이 끓는 소리와 난로에서 나뭇가지가 탁탁거리며 타는 소리를 들으며 나는 모든 것을 내려놓았다. 그의 가르침은 이렇게 특별했다. 한마디 말도 없이 나를 변화시켰다.

스승은 소박함의 결정체였다. 그의 삶은 언제나 흘러내리는 물처럼 아래를 향했고 언제나 가장 낮은 곳을 찾아 흘러갔다. 처음 그를 만났던 때에도 그는 금방이라도 무너질 듯한 두 칸짜리 방이 달린 집에 살고 있었다. 난로는 작은 타자기만했고, 가구 하나 없이 몇 개의 종이박스를 뒤집어놓고 사용하고 있었다. 옷은 골판지로 만든 상자에 보관했다. 그는 톱질할 때 사용하는 나무받침대를 받쳐놓고 그 위에 세로 1.5, 가로 0.9미터 크기의 합판과 포장용 스티로폼을 침대로 사용하고 있었다. 그의 몸은 너무나 작고 가벼워서 침대와 잘 어울린다는 생각을 했다.

다른 방에도 비슷한 형태의 물건이 책상 역할을 해주었다. 스승은 책상에 앉아 편지를 쓰고 중국 풍경을 담은 수묵화를 그렸다. 가래, 삽, 써레와 같은 도구들은 뒷문에 기대어 놓여 있었다. 그것들은 킹사이즈 침대 두 개를 합쳐 발끝부터 머리맡까지의 넓이밖에 안 되는 밭을 경작하는 데 사용되었다. 차, 대두, 땅콩버터, 당밀 그리고 이따금 사용하는 밀가루를 제외하고 그가 먹는 모든 것들을 그 경작지에서 재배하였다.

그는 때때로 밭에 대한 이야기를 들려주었다. 하지만 거의 대부분 아무 말 없이 가만히 앉아 있을 때가 더 많았다. 그러다 보면 어느덧 집에 가야 할 시간이 찾아왔다.

최근 나오는 명상과 사색에 관한 책들을 읽어보면 대부분 자신의 스승을 통해 진정한 자아를 찾았다는 식의 틀에 박힌 이야기가 유행처럼 쓰이는 걸 알 수 있다. 그러나 더춘과 함께한 내 경험은 달랐다. 마치 사해 위를 무중력 상태로 둥둥 떠다니며 텅 빈 하늘을 바라보는 느낌이었다. 거대한 평화와 자유가 있었다. 동시에 그게 전부였다. 내가 변하고 있다는 사실조차 그와의 만남이 모두 끝난 뒤에야 깨달았다. 명상과 사색이라는 틀 아래 더춘을 끼워넣는 것은 허공에 말뚝을 박는 것만큼 무의미하다. 그는 내게 오직 한 가지만을 가르쳐주었다. 그러나 그 한 가지만큼은 확실히 깨닫게 됐다. 바로 명상이란 지금 이 순간에도 계속 진행되고 있다는 것이었다.

그렇게 몇 차례 스승의 집을 방문한 이후 나는 우리의 만남에서 어떤 대단한 일이 일어나지 않을 것임을 직감했다. 하지만 나는 계속 그를 찾았다. 분명 나는 그에게 끌리고 있었다. 그러나 무엇이 나를 이끄는지 알 수 없었다. 당시 나는 대학 신입생이었고, 다른 열아홉 살 청년처럼 나보다 네 배나 나이가 많은 사람과 시간을 보내는 것에 흥미가 없었다.

하지만 그가 세상을 떠난 뒤에야 모든 게 확실해졌다. 스승은 나에게 스스로 본보기가 되어주었다. 최근 한 친구가 어떤 가톨릭 신부에 대한 이야기를 들려주었다.

― 그 신부님은 자기가 설교하는 대로 행동해. 그래서 설교할 때 그리 큰 목소리를 낼 필요가 없으셔.

더춘 역시 삶 속에서 고행을 몸소 실천했기에 따로 설교를 할 필요가 없었던 것이다.

고행은 소박함을 실현시켜준다. 고행은 다른 사람을 향한 사랑을 양으로 측정하는 것이 아니라 진실한 긍휼에서 나오는 소박함이라는 질적 문제라는 사실을 일깨워준다. 우리는 누군가에게 사랑을 표현할 때 크고 화려해야 한다고 생각한다. 그러나 누군가에게 커다란 감동을 주는 것은 오히려 자신의 마음을 소소하고 자연스럽게 나누는 것이다. 캄보디아에 있을 당시, 나는 중앙아메리카에서 열심히 섬겨온 한 선교사에 관한 이야기를 들었다.

미국에 있는 친구들 덕분에 수중에 돈이 좀 생겼어요. 이 돈을 어디에 쓰는 게 좋을지 잠시 고민했고, 마침내 200달러로 바리오스에서 온 아이들을 위해 파티를 열어주기로 했었습니다. 그래서 나는 버스를 대여해 아이들을 태우고 아름다운 공원으로 향했습니다. 그곳은 걸어가기엔 너무 멀었고, 아이들 역시 태어나서 처음 가보는 공원이었습니다.

공원에 도착한 뒤, 나는 아이들을 위해 예쁜 빛깔의 텐트를 쳐주었습니다. 우리는 각종 게임을 즐겼고 아이스크림과 사탕 등 온갖 음식을 먹었습니다. 아주 멋진 하루였어요! 얼마나 재미 있었는지.

아이들을 태워 다시 바리오스로 돌아온 뒤 나는 아이들이 버스 에서 내릴 때 한 명 한 명과 인사를 나눴습니다. 어떤 아이들은 밖으로 나오지 않고 버스에 좀더 머물렀고 우리는 대화를 더 나 눌 수 있었습니다. 나도, 아이들도 모두 그날 하루가 끝나지 않 기를 바라고 있었습니다.

그러는 동안, 나는 미소가 예쁜 여덟 살 꼬마 여자아이에게 "오 늘 하루 중 가장 좋았던 게 무엇이었니?"라고 물었습니다. 아이 는 나를 물끄러미 올려다보며 말했습니다.

—버스로 돌아가는 길에 아저씨가 내 손을 꼭 잡아주었을 때요.

—

정직함

정직함은 소박함을 실현시켜준다. 우리는 주로 불필요한 외적 소유를 내려놓는 것을 소박하다고 하지만 우리에게는 그것을 넘는 내면의 소박함이 필요하다. 힌두교의 고행자는 종종 도티힌두교도 남성이 착용하는 전통 의상 한 벌과 개인 소지품 한두 개만을 갖고 여정을 떠난다. 그들에게 영적 소박함이란 스스로 가벼운 차림으로 수행하는 것을 의미한다. 선불교에서는 자유로워지기 위해 무언가를 얻기보다 오히려 버린다고 설명한다. 기독교에서는 이를 순수한 마음이라고 부른다. 심리학자들과 정신과 전문의들은 내적으로 덜 분열된 자아를 갖기 위해 소박함이 필요하다고 말한다. 결국 그들 모두 같은 이야기를 하고 있는 것이다. 저마다 종교는 다르지만 스스로에게 완전히 정직해지고 자신이 누구인지 알 때만이 자연스러움과 자유를 얻게 됨을 그들은 잘 알고 있다.

억지로 누군가가 되기 위해 애쓰지 말자. 그냥 가장 자신다운 모습이 무엇인지 아는 것이 주변 사람들에게도 좋은 선물이다. 잊지 말자. 가장 평범한 것이 가장 거룩하다는 사실을 . 우리는 마음 속 어디에 심리적 장애물이 있는지 잘 알고 있다. 그래서 쉽사리 걸려 넘어지지 않는다. 자신의 삶이 끊임없는 실수와 교훈을 안겨주는 사건들로 가득하다는 것을 인정할 때 비로소 다른 사람과 진실한 마음을 나눌 수 있다. 그것을 아는 것이 바로 겸손이다. 이를 깨닫는 것만으로도 우리의 삶은 달라질 것이다.

페마 코드론은 『모든 것이 산산이 부서질 때』라는 책에서 철저히 정직해질 것을 강조한다. 우리가 냉철함과 친절함을 똑바로 직시하고, 아무것도 가지려 하지 않고, 있는 그대로의 진실만을 추구할 때 내면이 소박해진다고 말한다. 그 내적 소박함이 우리를 세상과 자아의 유혹으로부터 막아주고 진정한 자유를 만끽하게 해준다. 책 앞부분에 담긴 이야기는 우리에게 정직함의 중요성을 일깨워주기에 충분하다.

나와 남편은 뉴멕시코에 살았다. 어느 날, 나는 집 앞에서 차를 한 잔 마시며 망중한을 즐기고 있었다. 바로 그때, 차 한 대가 다가오는 소리가 들렸고 문이 쾅 닫혔다. 남편이었다. 남편은 차에서 내리자마자 내게 다가와 갑자기 "내게 다른 여자가 생겼으니 이혼해줘"하고 요구했다.

그때 바라본 하늘이 아직도 선명하다. 얼마나 막막하고 크게 느껴졌는지……. 집 근처를 흐르던 강물 소리와 손에 쥔 찻잔에서 피어오르는 온기도 모두 생생하다. 시간은 멈춘 듯했고 아무 생각이 나지 않았다. 그저 알 수 없는 빛과 끝없는 정적이 나를 감싸고 있었다. 그렇게 얼마나 흘렀을까. 나는 정신을 가다듬고 돌을 주워 그에게 던졌다.

사람들은 나에게 왜 불교를 믿게 되었냐고 묻곤 한다. 그때마다 나는 "남편 때문에 너무 화가 나서"라고 말하곤 한다. 하지만 사실은 남편이 나를 구한 셈이나 다름없었다. 그날 우리의 결혼 생활이 끝나버린 뒤, 나는 참 많이 노력했다. 마음의 평화를 되찾기 위해, 안정과 쉴 곳을 되찾기 위해 무척이나 노력했다. 다행히 나는 해내지 못했다. 하지만 오랫동안 내가 의존해온, 내 삶에 매달리던 나라는 사람을 버리는 것만이 답이라는 사실을 본능적으로 알 수 있었다.

페마 코드론이나 나처럼 사람들에게 치유나 전문적인 도움을 주는 직업을 가진 '운좋은' 사람들은 잘 알고 있다. 무언가를 '버린다는 것'이 결국 자신에게로 돌아온다는 걸 의미한다는 것을. 물론 현실에서 버림으로써 돌아온다는 것은 어려운 일이다. 나 역시 마지막으로 영혼의 평안을 느낀 적이 언제였는지 기억조차 나지 않는다.

그러나 심리학에서 말하는 내적 자아 안에서 사는 일이란 자신과 다른 사람 그리고 하나님과 함께 사는 것을 말한다. 이를 이루기 위해 온갖 짐을 내려놓고 가벼운 몸으로 인생의 여정을 떠나는

소박함이 필요하다. 그 소박함을 이끌어내는 최상의 방법이 바로

고행과 감사 그리고 정직함이다.

내 안의
안식처로
자주 돌아오자

제임스 조이스는 그의 소설에 등장하는 한 인물에 대해 이렇게 묘사했다.

"더피 씨는 그의 몸과 매우 가까운 거리에서 살았다."

이러한 모습은 우리에게도 자주 일어나는 적절한 표현이다. 세상을 살아나가며 내 안의 안식처로 돌아가는 일은 매우 어렵다. 자신을 직면하는 것이 두려워서라기보다 돌아가는 방법을 잊었기 때문이다.

언젠가 극심한 기근이 몰아친 아프리카 수단을 찾아간 적이 있었다. 많은 사람들이 먹을 것과 마실 것을 찾아 이리저리 정처 없이 떠돌아다니고 있었다. 한 사내아이는 정신이 혼미해져 자신이 어떤 마을에서 왔는지조차 대답하지 못했다. 부족과 마을을 자신과 동일시하는 아프리카 사람에게 비극적인 이야기가 아닐 수 없었다.

우리 역시 영적, 심리적으로 그 사내아이와 비슷하다. 스스로 안식처가 된다는 것, 나아가 다른 사람들의 안식처가 되어주는 것,

심지어 하나님의 안식처가 되는 것으로부터 우리는 점점 더 멀어
져간다.

우리는 삶이라는 선물을 받고 세상에 태어나 어른으로 성장하
며 지혜를 얻고 사람들과 사랑을 나누며 살아간다. 나만의 안식처
에 존재함으로써 하나님을 만날 수 있다. 그러나 내 안으로 돌아가
기 위해서는 고독과 침묵이라는 혹독한 연단을 거쳐야 한다.

헨리 나우웬은 '고독'을 영적 변화를 가져오는 들끓는 용광로
라고 생각했다. 힌두교의 고행자들 역시 변화를 추구했고, 오늘날
수많은 종교의 지도자들도 같은 가치를 좇는다. 다음의 속담은 내
안에서 일어나는 변화의 의미를 잘 보여준다.

"자신의 세포 안으로 돌아가 앉아라. 그리하면 몸 속 세포 하
나하나가 모든 것을 가르쳐줄 것이다."[11]

나는 삶의 우선순위를 아주 단순한 것에서 찾는다. 그저 조용
히 앉아 하루 동안 일어났던 모든 일들을 차분히 가라앉히는 것이
다. 그것이 바로 삶의 우선순위를 되돌아보고 순서를 다시 정하는
일이다. 앤서니 스토Anthony Storr의 책 『고독Solitude』을 잠시 펼쳐
보자. 1934년 겨울, 혼자 북극 탐험에 나선 애드미럴 버드Admiral
Byrd의 이야기다.

북극에서 나에게 어떠한 중요한 일은 없었다. 잠시 혼자만의 시간을 갖고 평화와 고요, 고독을 맛볼 수 있는, 내가 참 괜찮은 사람이라는 사실을 깨달을 수 있는 넉넉한 시간을 갖는 것이 중요했다. 나는 그런 경험을 가득히 누리고 싶었고, 그것 외에는 아무것도 없었다. 단순히 지리적으로 혼자만의 공간을 갖는 그 이상을 원했다. 나는 철학적 심연으로 깊숙이 들어가보고 싶었다.

애드미럴 버드가 간절히 바랐던 경험은 제값을 톡톡히 해냈다. 난방기구가 고장나는 바람에 죽음 직전까지 갔지만 그는 침묵과 고독을 통해 깊은 영성을 기를 수 있었다. 그는 자서전『혼자Alone』를 통해 그때를 이렇게 회상했다.

그 순간, 나는 이전에 내가 온전히 갖지 못했던 마음을 가질 수 있었다. 지금 살아 숨쉬고 있다는 사실만으로도 내 삶이 기적이었다는 사실을 아름답게 바라볼 수 있었다. 나는 겸손한 마음을 갖게 되었다. 문명은 내 생각을 바꿔놓지 못했다. 지금 나는 더욱 소박하게, 더욱 평화롭게 살고 있다.

앤드루 하비는『라다크에서의 여정』에서 동일한 깨달음을 다시 한번 이야기하고 있다. 인도의 아주 외진 곳에 사는 승려들의 삶을 생각하며 그는 이렇게 적었다.

추운 겨울의 고독을 견디며 외진 곳에서 살아간다는 건 만만치 않다. 이곳에 사는 사람들은 지나친 감상에 빠지지 않고 소박하게 살아간다. 그들은 많은 것을 필요로 하지 않고 오만과 허영에 들뜨지도 않는다. 노인과 아이들에게 친절하며 서로에게도 너그럽다.

앤드루 하비는 라다크에 사는 사람들의 모습에서 평화로움과 평범함을 느꼈다. 그 외딴곳에 사는 사람들은 서로를 존중하는 마음이 몸에 배어 있었고 간교한 속임을 부리지도 않았다. 그들의 소박함에 하비는 깊이 감동했다.

아주 평범한 일상 속에서 매일 보고 느끼는 평화로움과 존엄함. 인심 좋은 아주머니가 추운 겨울날 따뜻한 차 한 잔을 대접하듯이, 밭에서 일하다 말고 잠시 나를 돌아보며 싱긋 미소를 짓는 아주머니처럼, 한없이 솔직한 그 숨김없는 대답들처럼.

나 역시 농촌이나 추운 곳에서 고요함 속에서 천천히 살아가는 곳을 방문했을 때 비슷한 느낌을 받았다. 조용한 경외감과 평화가 깃든 듯한 기분. 깊은 맛이 우러나는 차 한 잔과 도톰하고 달콤한 파이 한 조각을 즐길 여유가 있을 것만 같은 그런 곳 말이다.

뉴펀들랜드에서도 나는 따뜻한 호의와 삶의 기쁨을 느낄 수 있었다. 그곳 사람들은 삶을 현실적이면서도 무척 소박하게 느끼게 해주는 유머감각을 지니고 있었다. 그곳에서의 경험은 내 책 『감성의 근원』에 잘 나타나 있다.

　　나는 뉴펀들랜드를 자주 찾아갔다. 처음 상담을 위해 뉴펀들랜드에서 볼티모어로 돌아가던 비행기에서의 일이 아직도 기억에 남는다. 내가 자리에 앉자마자 한 사람이 옆에 앉았다. 그리고 나에게 몸을 기울이며 말을 걸어왔다.

　　─혹시 뉴펀들랜드에서 왔어요? 현지인이세요?

　　내가 아니라고 하자 그는 재빠르게 다음 질문을 이어갔다.

　　─음, 그렇다면 혹시 뉴펀들랜드 사람들이 군사 기지를 어디에 숨겨두는지 아세요?

　　─아니요. 내가 답했다.

　　그는 즉시 대답했다.

　　─자기 소매 위에요!

　　나는 애써 재미있다는 표정을 짓고 웃으며 말했다.

— 설마 비행 내내 이런 이야기를 하는 건 아니겠죠?

그때 우리 좌석에서 세 줄 앞에 앉아 있던 나이 지긋한 남자가 머리 위 선반에서 바이올린을 꺼내더니 노래를 부르며 연주를 시작했다. 그는 뉴펀들랜드의 프랑스 지역에서 온 기운이 넘치는 사람이었다. 이런 멋진 비행이 있다니! 얼마나 멋진 사람들인가! 나는 그들을 진심으로 좋아했다. 잔잔한 웃음을 만드는 그들의 유쾌함 때문에 나는 긴장을 내려놓을 수 있었다. 평범한 내 모습을 자연스레 받아들이고 동시에 내 안에 내재한 기쁨을 느낄 수 있었다.

캐나다나 미국의 다른 지역으로 이주한 뉴펀들랜드 사람들도 섬사람 기질을 그대로 간직하고 있었다. 사람들이 바글거리는 도시에서 그들은 내면의 소박함을 잊지 않고 있었다. 그들은 많은 것을 바라지도 기대하지도 않았으며, 그 소박함은 너그러움이 되어 주변에 넘쳐흘렀다.

언젠가 방콕에 있는 피난민 센터에 한쪽 눈이 보이지 않는 다소 미성숙한 남자가 이리저리 헤매며 들어왔다. 그를 안내한 직원은 남자가 겪고 있는 어려운 상황을 듣고 있었다. 내가 남자에 대해 묻자 직원 중 한 명이 잠시 생각에 잠기더니 웃으며 본인의 머리를 가리키며 영어로 답했다.

"온전치가 않아요."

나는 센터를 책임지고 있던 미국인 선교사에게 남자에 대해 좀 더 자세히 물었다. 남자는 센터에서 6개월간 머물렀다고 했다. 선교사는 덧붙였다. 자신 역시 남자가 처음 이곳에 왔을 때 직원들에게 물었다고 한다. 도대체 저렇게 많은 감정적·지적 어려움에 처한 사람들을 무슨 수로 도울 수 있느냐고 물었다는 것이다.

"직원들이 뭐라고 하던가요?" 내가 물었다.

그는 환한 미소를 보였다. "그저 사랑해주면 되죠,라고 말했답니다."

그날 이후, 나는 길을 잃고 무언가에 압도당했다고 느낄 때마다 혹은 라다크나 뉴펀들랜드, 태국 사람처럼 아름다운 사랑과 소박함을 찾고 싶을 때마다 스스로 이렇게 묻게 되었다.

"도대체 어디서부터 시작하지?"

그 물음에 대한 가장 좋은 답은 바로 '침묵으로 시작하라'이다.

순류 스즈키Shunryu Suzuki라는 선불교의 수도사는 소박함을 가져다주는 침묵의 가치를 강조한다. 샌프란시스코에서 선禪 센터를 운영하는 그는 약물 중독으로부터 벗어나고자 하는 수많은 대학생들의 멘토로 불린다. 그를 만난 날, 나는 어떻게 하면 젊은이들을

파괴가 아닌 자기존중의 길로 이끌 수 있느냐고 물었다. 순류 스즈
키의 대답을 지금도 잊을 수 없다.

"나는 아무것도 하지 않았어요. 나는 그저 앉아서 생각을 하게
했어요. 조금만 지나도 그 일들을 다 잊던걸요."[12]

물론 사람들 틈에서 조용히 앉아 있는 건 그리 쉽지가 않다. 침
묵 속에 앉아 있다보면 의식 속에서 진공 상태가 생겨나기 때문이
다. 우리 안에 내재한 무의식이 의식에 올라타 거짓말과 속임수로
우리를 이끈다. 순류 스즈키 역시 명상을 통해 자신의 속살, 즉 진
실을 마주하는 일의 어려움을 알고 있었다. 그럼에도 불구하고 명
상을 갖지 않을 때 생기는 치명적인 결과도 알고 있었다.

살다보면 누군가로부터 속임을 당할 때가 있다. 하지만 다른 사
람에게 속는 일은 우리에게 깊은 상처를 남기지 않는다. 문제는
스스로에게 속아넘어가는 데 있다. 거기에는 백약이 무효이다.[13]

우리는 고요한 명상과 사색, 성찰과 기도를 통해 내 안의 안식
처로 돌아와야 한다. 그것만이 소박하고 냉철하게 충실한 삶을 살
아가는 방법이다. 나를 돌아보는 것은 삶의 양식이다. 삶의 양식을
풍부하게 채워주고 번잡한 일상 속에서 나만의 경건한 시간을 갖
기 위해서는 몇 가지 단계를 거쳐야 한다.

—

첫 번째 단계,
가치를 깨닫자

　나 자신을 돌아보고 삶의 중심을 잡기 위해서는 침묵과 고독이 몸에 배어야 한다. 그 과정은 지난한 것이어서, 바쁜 일상 속에서 단 10분일지라도 매일 연습해야 한다. 침묵과 고독의 시간을 갖지 않는 사람들은 삶에 쫓기는 것을 반복하고 결국 목적지를 상실하고 위기에 빠지고 만다. 누구도 예외가 없다. 우리는 계속해서 잘못된 일을 좇다가 어려움에 처한다. 그래서 마음과 영혼을 가다듬는 노력을 계속해야 한다. 헨리 나우웬은 이를 깨닫고 수도원에서 적은 『제네시 일기The Genesee Diary』에서 이렇게 말한다.

　　고독과 내적 자유, 마음의 평화에 대해 강연하고 글을 쓰던 나는 내 안의 억압과 착각 때문에 자꾸 미끄러지곤 했다. 무엇이 나를 하나의 책에서 또다른 책으로, 한 공간에서 다른 공간으로, 한 프로젝트에서 또다른 프로젝트로 이끈 걸까? 세상에 실재하는 것을 모두 맛본, 지극히 현실적인 내가 '보이지 않는 것'에 대해 생각하고 이야기하게 된 이유는 무엇일까? 나의 소명을 단순히 하나님의 사랑을 목격하는 데서 멈추지 않고 고된 지도자의 길로 바꾼 동기는 무엇일까? 이런 의문들이 여유롭지

못한 내 마음의 빈틈을 비집고 마구 들어왔다. 불안정한 나 자
신을 직시하도록 만들었다. 어쩌면 나는 하나님과 대화하기보
다 하나님에 대한 이야기를 많이 했을지도 모른다. 기도에 관한
내 글들은 정작 나 자신으로 하여금 기도하는 삶을 살지 못하게
했을 지도 모른다. 하나님의 사랑보다 사람들의 칭찬에 더 신경
쓰게 했을지도 모른다. 나는 하나님의 약속 안에서 자유로운 사
람이 아니라 사람들의 기대 속에 갇힌 죄수였는지도 모른다.

이 질문 앞에서 분명한 답을 찾지 못했다. 그러나 한 걸음 뒤로
물러나 이 어려운 질문을 대면할 때 해답을 찾을 수 있다는 걸
알 수 있었다. 비록 그 물음이 나를 아프게 할지라도. 하지만 뒤
로 물러서는 일은 생각보다 어려웠다. 나는 수많은 강의를 준비
해야 했고, 글을 마무리해야 했으며 사람들을 만나야 했다. 응
답해야 할 전화와 답장을 줘야 할 편지들에 둘러싸여 있었다.
나를 놓는다는 건 불가능한 일이었다.

그러다 어느 순간, 나 자신과 내가 처한 상황을 좀더 유심히 들
여다본 후에야 내가 이상한 역설적 상황에 갇혀 있다는 사실을
깨달았다. 사람들이 내게 너무 많은 것을 요구한다며 불평을 늘
어놓으면서도 동시에 그 요구 사항을 들어주지 않으면 마음이
불편했다. 편지를 쓰는 일이 부담스럽다고 느껴지면서도 텅 빈
우편함을 볼 때면 속상함을 감추지 못했다. 강의를 다니는 일이

피곤하다고 짜증내면서도 정작 나를 초청해주는 사람이 없을 때는 실망했다. 할 일이 없는 텅 빈 책상을 그리워하면서도 그런 날이 진짜로 올까봐 두려웠다. 나는 혼자이기를 원하면서도 혼자 남겨질까 겁이 나는 사람이었다. 이 역설을 깨달을수록 내가 내 안의 억압과 착각에 빠져 있었다는 걸 깨달을 수 있었다. 한 걸음 뒤로 물러나 스스로를 향해 물음을 던져야 한다고 느낄 수 있었다. 이 좁은 세상에서, 쉼 없이 출렁이는 긍정과 거절의 강물 아래 조용한 흐름이 있기는 한 걸까? 내 삶이 뿌리내린 곳, 내가 희망과 용기, 자신감을 갖고 나아갈 수 있는 뿌리가 되는 곳이 진정 의미 있을까?

—

두번째 단계,

정기적으로 시간을 내어 쉬자

시간은 우리에게 소중한 선물이다. 누구와 시간을 보내는지, 시간을 경이로운 기회로 소중히 여기는지에 따라 우리의 인생은 달라진다. 우리는 시간이 당연하게 주어진 것으로 간주한다. 심지어 이 짧은 생에 주어진 제한된 시간을 무시한다. 달라이 라마는 『평온으로 향하는 길The Path to Tranquility』에서 이렇게 고백하고 있다.

현세에 주어진 인간의 몸이 상당한 잠재력을 지녔다는 강한 확신을 갖고, 일 분 일 초도 시간을 낭비하지 않겠다는 마음을 지니자. 인간이란 소중한 존재라는 본질적인 사실을 깨닫지 않은 채 그저 삶을 낭비하는 것은 어떤 결과가 생길지 알면서도 독을 마시는 것과 같다.

사람들은 돈을 잃어버리면 깊이 슬퍼한다. 하지만 삶의 소중한 순간을 낭비하는 것에는 한 치의 후회도 느끼지 않는다.

혼자 혹은 다른 사람들과 함께라도 시간을 내어 잠시 쉬는 일은 우리를 내 안의 안식처로 돌아오게 해준다. 침묵은 우리가 오롯이 혼자이게 해준다. 혼자만의 고요한 시간의 가치를 깨닫게 되면 더운 날 찬물을 찾듯 혹은 추운 밤 따뜻한 모닥불을 찾듯 혼자만의 시간을 찾게 된다. 규칙적으로 그런 시간을 갖고 싶어진다. 오랜 친구와 아침식사를 함께하기 위해 만나듯, 의무감이나 죄책감에서가 아닌 온전히 자신만의 만족을 위해 혼자만의 시간을 갖게 된다.

—

세번째 단계,

거부하고 싶은 마음을 충분히 존중해주자

명상을 위한 공간이 단순히 마음의 평화를 위한 공간이었다면 많은 사람들이 더 자주 명상의 시간을 가졌을 것이다. 하지만 그런 공간은 삶과 진실의 장이기도 해서 부담으로 다가오는 것도 사실이다. 우리가 머릿속에 떠올리는 조용한 공간은 그 공간에 대한 우리의 거부감을 받아들이지 않고서는 결코 현실이 될 수 없다. 그렇게 인정받은 거부감은 침묵을 깨지 않는다. 오히려 이해와 인내, 사랑을 필요로 하는 오랜 친구나 부산스러운 어린아이를 기쁘게 끌어안듯 거부감을 반기게 된다. 오랜 친구나 부산스러운 어린아이는 이런 모습으로 나타난다.

- 해야 할 일과 하지 못한 일에 대한 걱정

- 사람들을 향한 분노

- 스스로에 대한 수치심

- 쉼 없이 달려야 하는 지루함과 고됨

- 지금 이 순간 적지 않으면 잊게 되는 수많은 '좋은 아이디어들'

- 살아온 날에 대한 회한

- 다른 사람들과 다르게 살아간다는 불안감 속에서 '타인이 나에 대해 어떻게 생각할까?' 혹은 '내 행동에 어떻게 반응할까?' 하는 우려

- 변화하지 못한다는 걱정

- 기도나 명상이 공부하거나 읽는 것만큼 자연스럽지도 도움이 되지도 힘을 주지도 않는다는 실망감

- 사색과 명상이 불필요하다는 생각 혹은 실질적으로 도움이 되지 않는다는 생각

    누구도 우리에게 삶에 생겨나는 자연스러운 거부감에 대해 일러주지 않는다. 사람들은 조용히 기도하고 나를 되돌아보려는 순간 동시에 밀려오는 거부감을 어찌할 줄 몰라 포기하고 만다. 하지만 이는 분명 현실이다. 누구도 완벽하게 기도하는 삶을 살고 있지 않다. 혼자만의 시간을 찾는다는 것, 기도의 시간을 필요로 한다는 것 자체가 우리가 영적으로 초보라는 사실을 증명한다. 영적인 생활에는 끝이 없다. 겨를 벗겨내야 밀을 만질 수 있듯이 삶의 진가를 알기 위해서는 한 단계 한 단계 밟고 나아가야 한다. 토머스 머튼은 은둔자로서의 삶을 살고, 생의 끝에 이런 질문을 일기장에 남겼다.

    "내가 너무 말도 안 되는 생각만 해서 '고독'이 나를 몰아낸 걸까?"

    침묵과 고독 속에서 우리는 의식을 비우고 진공 상태를 만든

다. 그러나 자연은 진공 상태를 싫어해서 무의식적인 생각과 충동, 기억, 잡념이 빈 공간을 채우려 들어온다. 우리가 종종 이러한 정보를 의식적으로 혹은 무의식적으로 막는 이유는 그것들과 마주하기 싫기 때문이다. 하지만 마냥 피한다고 해서 우리의 삶이 충실해지는 것은 아니다. 회피 속에는 내면에 자리한 거짓과 속임수, 어두운 현실의 실체가 있다. 작가 제임스 볼드윈James Baldwin이 말했다. "사람들은 증오라는 감정에 너무나 고집스레 매달려요. 증오하는 감정이 사라지는 순간 그 자리에 자신의 고통을 상대해야 하기 때문이죠."

침묵과 고독 속에서 우리는 언젠가 죽어야 한다는 사실과 철저히 혼자라는 사실을 깨닫는다. 헨리 나우웬이 그렇게 강조한 내면의 활기찬 흐름이 아닌 나만의 사막을 깨닫는다.

『사하라 사막 횡단기Sahara Unveiled』라는 책에서 윌리엄 랑게비셰William Langewiesche는 "물리적인 사막에서는 철새들마저 외로움을 이기지 못하고 사람 옆에 앉는다"고 적고 있다. 내면의 사막에서 우리가 느끼는 고독을 잘 설명해주는 대목이다. 외로움은 삶의 일부이다. 우리는 홀로 태어나 홀로 세상을 떠난다. 두려움과 분노, 슬픔과 상처는 우리의 것이다. 자신을 얼마나 알고 사랑하는지에 관계없이 우리 중 누구도 나의 진짜 모습을 보지 못한다. 우리의 두 눈을 통해 진짜 세상을 바라보지 못한다. 『대화의 서약A Vow of Conversation』에서 토머스 머튼은 이런 말을 남겼다.

"사람은 결국 외로움 속에서 몸부림쳐야 한다. 그러니 뭘 그리 괴로워하는가? 그럴 필요 없다."

사람들은 순수함과 자의식, 평화와 기쁨을 지니고 스스로를 지나치게 의식하지 않으며 살아가려 한다. 나를 되돌아보는 조용한 시간은 그런 우리를 한데 모아준다. 나를 되돌아봄으로써 우리는 자연과 삶, 세상과 하나가 되는 경험을 느낄 수 있다.

침묵과 고독은 억압적인 삶 속에 숨겨진 새빨간 거짓을 보게 해준다. 우리는 오늘보다 내일 더 많은 시간을 갖고, 좀더 나은 건강과 더욱 만족스러운 직장, 더 가까운 친구를 갖게 될 거라고 믿는다. 그러나 이러한 허황된 거짓에 넘어간다면 죽는 날에서야 현재의 가치를 깨닫게 된다. 아마 죽는 그 순간에도 미래를 계획하고 준비하고 있을 테지만.

이로움을 알자

우리가 직면한 도전은 내 안의 안식처로 들어가는 일이다. 자신에게 지나치게 집중하는 것이 아니라 내 안에서 무언가를 발견하려는 과정이다. 라이너 마리아 릴케는 『젊은 시인에게 보내는 편지』에서 이렇게 충고한다.

당신은 바깥을 내다보고 있다. 이건 당신이 하지 말아야 할 일 중 하나다. 아무도 당신에게 조언해주고 도움을 줄 수 없다. 방법은 하나뿐이다. 스스로의 내면으로 들어가보는 일. 하루하루가 보잘것없이 느껴진다 해도 원망하지 말자. 그저 스스로를 탓하자. 나에게 시적인 감성이 부족해 삶에 자리한 풍요로움을 누리지 못한다고 생각하자. 하나님의 눈에는 빈곤도 없고 형편없이 무심한 공간도 없다. 우리에겐 모든 것을 가진 듯했던 소중한 어린 시절이 있다. 시선을 다른 곳으로 돌려보자. 방대한 과거에 묻힌 감각을 일깨워보자. 당신의 인격은 좀더 굳건히 자랄 것이며, 당신의 고독이 확장되어 먼지 쌓인 과거의 날들이 될 것이다. 그렇게 내면 밖에서 들려오는 다른 사람들의 소음은 멀어질 것이다.

나 홀로 존재하는 고독은 침묵과 사색과 결합하여 우리에게 다음과 같은 이로움을 가져다준다.

- 무언가에 휘둘리거나 억압당하는 상황이 줄어든다.
- 하루 동안 일어난 일들에 다시 집중하고 그날의 일들을 차분히 가라앉히는 기회를 갖게 된다.
- 자신을 비웃을 수 있는 여유를 가져다준다.
- 자신을 좀더 부드럽고 다정하게 대하게 된다.
- 내면의 새로운 공간과 자유를 맞이하게 된다. 더이상 자신을 향한 까다로운 요구와 사람들의 지나친 기대로 인해 지치지 않게 된다.
- 하루하루가 새롭다. 심지어 누가 봐도 힘든 날에도 활기를 느끼는 새로운 마음의 눈을 갖게 된다.

소걀 린포쉐는 『삶과 죽음에 관한 티베트의 책』에서 이렇게 말한다.

살아가는 동안 당신이 스스로에게 줄 수 있는 가장 큰 선물은 명상하는 법을 배우는 일이다. 명상만이 진정한 자신의 본질을 찾는 삶의 여정을 이해할 수 있는 길이다. 삶과 죽음의 순간에 필요한 안정과 자신감을 찾게 해준다. 명상은 깨우침을 향한 길이다. 우리는 매일매일 긴장과 불안감으로 힘겹게 살아간다. 소용돌이처럼 빨라지다가 격해지며 경쟁과 통제, 소유와 성취 속에서 스스로에게 외적인 일과 집착이라는 짐을 지운다. 명상은 그것과 정반대의 길이다.

기도와 성찰하는 삶은 감사하는 마음을 가져다준다. 몇 년 전, 딸이 플로리다에서 살고 있을 때였다. 우리는 대화를 나누다가 삶을 감사히 여기는 마음과 기도하는 사람이 되는 일, 그 둘 사이의 긴밀한 관계에 대해 확신을 갖게 되었다. 그 순간의 감동을 『매일의 소박함Everyday Simplicity』이라는 책에 적은 바 있다.

나는 플로리다 남부에 가는 것을 좋아한다. 지난 몇 년간은 더 자주 찾아갔는데, 딸 미카엘이 그곳에 살며 직장생활을 하고 있기 때문이다. 한번은 딸에게 플로리다 저녁 하늘의 아름다운 빛깔에 대해 얘기한 적이 있다. 나는 속으로 생각했다. 그곳에 사는 사람들은 그 아름다운 광경에 익숙해질 수 있을까. 미카엘은 웃으며 고개를 끄덕였다. 잠시후 부드럽게 웃으며 말했다.

— 플로리다에서 하늘을 바라볼 때면 마치 하나님과 휴가를 떠나온 것만 같아요.

훗날 깨달았지만 미카엘이 내게 말해준 그 느낌은 즉흥적으로 나온 것처럼 보이지만 실은 한순간에 쉽게 찾아올 수 없는 느낌이었다. 그건 지속적으로 '감사하는 마음을 지니기 위한 훈련'을 해야 얻을 수 있는 마음이었다. 미카엘은 자신이 몇 번이고 길을 잃고 하나님으로부터 버려졌다는 느낌을 받았다고 얘기했다. 지금 되돌아보니 미카엘은 깨닫고 있었다.

— 하나님은 나에게 무언가를 얘기해주고 계시죠. 하지만 내가 듣지 않았던 것이에요. 그분은 항상 무언가를 주고 있지만 내가 옳게 받지 못했던 거예요.

그날 이후, 우리가 가끔씩 아름다운 플로리다 저녁 하늘에 대해 이야기할 때마다 나는 미카엘이 지닌 감사의 마음을 느낄 수 있었다. 미카엘은 말했다.

— 해질녘 풍경이 우리 모두를 위한 것이라는 걸 알게 되었어요. 하지만 우리는 마치 예술 작품을 감상하듯이 저마다 다르게 바라보고 느끼는 거예요. 그게 바로 하나님께서 우리 각자에게 주신 선물이에요.

자신을 되돌아보고 기도를 연습하기 위해 특수한 장비나 특별한 장소는 필요치 않다. 중요한 것은 우리가 지닌 '태도'이다.

—

네번째 단계,

간단하게 연습해보자

어떻게 자신을 되돌아보고 기도하고 명상할 것인가는 전적으로 우리의 몫이다. 우리는 지금 딛고 있는 자리에서 일어나 각자의 방식으로 세상과 마주해야 한다. 여기에서는 대부분의 사람들이 한 번쯤은 배웠을 법한 기본적인 단계를 복습해보도록 하자.

1. 조용한 곳을 찾자. 가능하면 혼자 있을 수 있는 곳으로.

2. 바른 자세로 허리를 펴고 꼿꼿이 앉자.

3. 두 눈을 감거나 살짝 실눈을 뜨고 앞을 지긋이 바라보자.

4. 하나부터 넷까지 천천히 숫자를 세며 자연스레 숨을 내쉬자. 이런 과정을 반복하자.

5. 긴장을 풀자. 어지럽고 복잡한 생각이 천천히 움직이는 기차처럼 자연스레 지나가게 하자. 문제를 객관적으로 살펴본 후 모두 흘러가도록 놓아주자.

6. 현재를 충실히 살며 경험하자.

하나님과의 개인적이면서도 친밀한 관계를 원하는 신앙인에게는 이런 조언을 줄 수 있겠다.

1. 가만히 앉아 긴장을 풀 수 있는 조용한 곳을 찾자.

2. 사랑하는 하나님 앞에 감사하는 마음을 갖자. 감사하
   는 마음이 들지 않는다면 뒤에 이어지는 과정을 따라가
   며 기도하자.

3. 하나님 등 중심이 되는 단어를 되뇌거나 성경이나 신앙
   서적에 나오는 주요 구절을 읽자.

4. 앞에서 읽은 구절에 담긴 감정을 지니고 차분히 앉아
   있거나 중심이 되는 단어를 반복적으로 되뇌자. 잡념이
   생기거나 집중하기가 힘들면 그런 상념들이 마음속에서
   저절로 빠져나갈 때까지 가만히 내버려두자. 그래도 잡
   념이 사라지지 않는다면 스스로 담고 있지 말고 하나님
   께 도움을 청하자. 혼자서 마음에 담고 견디는 것은 아무
   런 도움이 되지 않는다.

5. 정기적으로 조용히 앉아 성실한 마음으로 하루에 10~20분
   정도 하나님과 함께하자. 하나님과의 관계가 성장할 것이다.

—

내 안의 안식처로 돌아올 때의
기쁨과 평화

기도나 명상, 좌선 등을 통해 내면의 안식처로 돌아오는 일은 지혜 그 이상을 우리에게 가져다준다. 삶의 속도와 리듬을 여유롭게 해주고, 스스로에 대한 이해를 넓혀주고, 조금씩 자신에게 가까이 다가가게 해준다. 삶의 소박함을 받아들이고 우리 안의 교만을 누그러뜨리게 해준다. 우리의 야망과 일, 기대나 걱정, 계획과 불안은 더이상 우리를 지배하지 못하게 된다. 신기하게도 그것들로부터 차츰 벗어나게 된다. 자신에 대해 조금은 여유롭고 편안한 마음을 갖게 된다. 우리는 모두 더욱 열심히 그리고 소박하게 살고 싶어한다. 그렇게 우리는 이제야, 아니 어쩌면 처음으로 헨리 제임스가 했던 말을 이해하기 시작한다.

삶을 충분히 누려라

그렇지 않은 건 어리석은 일이다.

삶을 오롯이 누렸다면

살아가며 특별히 무엇을 했는지는

그리 중요하지 않다

오롯한 삶을 살지 못했다면

도대체 무엇을 했다 할 수 있겠는가?[14]

에필로그

—

위험한 청자聽者가 되자

작가 칼 샤피로Karl Shapiro에 따르면 미국의 시인이자 비평가인 랜달 쟈렐Randall Jarrell은 "좋은 청자이자 위험한 청자"[15]였다고 한다. 『티베트의 원로에 관한 책The Book of Tibetan Elders』을 쓴 샌디 존슨Sandy Johnson은 지혜와 긍휼이 있는 영적 세계란 열정을 갖고 내면의 평화를 찾고자 하는 지혜로운 자들이 대대로 존재하는 곳이라고 말했다.

> 샴발라는 아름다운 도시이다. 희귀한 생명체들이 세상과 단절된 채 그 안에서 자유의지로 살아간다. 그곳은 평화롭다.
> 어떤 티베트 사람들은 샴발라를 내면의 영적 여정 그 자체라고 여기고 내면의 샴발라를 찾는 데 온 삶을 바친다.

나만의 '샴발라'로 떠나는 방법 중 하나는 주의깊게 듣는 법을 배우는 것이다. 어쩌면 위험하게 내적 자아의 말에 귀를 기울이는 과정을 통해 우리는 새로워지고 달라지게 된다.

필 쿠지노Phil Cousineau가 자신의 책 『성스러운 여행 순례 이야기The Art of Pilgrimage』에서 말했듯이 "주의를 기울여 듣는 것은 가히 잃어버린 예술이다. 그러나 되찾을 수 있는 예술이기도 하다. 영혼은 경청하는 과정에서 자라난다. 스치듯 지나가는 말에 의해 우리의 삶이 바뀔 수도 있다. 그러니 인생을 걸고 들어라. 실제 삶이 걸려 있기도 하니까."16 귀를 기울이는 것, 위험하게 듣는 것 그리고 삶을 바쳐 듣는 것. 이 모든 행위는 곧 마음으로 듣는다는 것을 의미한다.

마음으로 듣고자 할 때 우리는 새삼 깨닫는다. 내가 삶의 여러 방면에서 자유롭지 못하다는 사실을. 앤서니 블룸Anthony Bloom의 『기도를 시작하다Beginning to Pray』에는 이런 이야기가 나온다.

찰스 디킨스의 소설 『픽크위크 문서Pickwick Papers』에는 내 삶을 정말 잘 묘사한 대목이 있다. 그건 당신의 삶도 마찬가지일 듯싶다. 어느 날, 픽크위크는 클럽에 간다. 그는 마차를 잡아타고 가는 길에 마부에게 수많은 질문을 던진다. 그리고 이렇게 말한다.

— 내게 좀 알려주시오. 어떻게 이렇게 성질 사납고 형편없는 말이 이 커다랗고 무거운 마차를 모는 거죠?

마부는 답한다.

— 그건 말의 문제가 아니오. 바퀴의 문제요.

픽크위크는 되묻는다.

— 그게 무슨 뜻이오?

마부가 답했다.

— 보시오. 여기 아주 멋진 바퀴가 한 쌍 있잖소. 기름칠도 잘 되어 있고요. 그러니 말이 힘을 들이지 않고 조금만 움직여도 바퀴가 굴러가는 거요. 그렇게 해서 이 가엾은 말은 자신의 모든 생을 바쳐 달리는 거라오.

우리가 살아가는 방식을 한번 돌아보자. 우리는 어쩌면 마차를 끄는 말이 아닌, 삶이 두려워 마차로부터 도망치는 말은 아닐까.

사람들과의 관계 때문에 억지로 떠밀려 살아가지 않으려면 화가 났을 때 감정의 소리를 들어야 한다. 내가 느끼는 좋지 않은 감정들, 가령 분노와 불안 혹은 극심한 스트레스를 잘 감지해야 한다. 그래야 삶 속에서 자유롭지 못한 부분이 어디인지 쉽게 알 수 있다. 우리가 어떻게 듣고 경험하는지를 통해 거룩함과 마음의 평화란 결코 특별한 게 아니라 일상의 삶 속에 깃들어 있는 평범한 것임을 깨닫게 된다. 이어지는 짧은 이야기는 내가 가르쳤던 학생의 추억담이다.

어린 시절, 나는 휴일의 대부분을 삼촌과 이모의 농장에서 보냈다. 그중 외양간에서의 일이 지금도 기억에 남는다.

저녁이 되면 이모와 삼촌은 소젖을 짰다. 나는 작은 의자에 앉아 고양이와 강아지들에 둘러싸여 그 모습을 구경했다. 삼촌과 이모는 우유를 짜며 기도했다. 이웃의 풍작을 기원하는 기도였던 것 같다. 기도는 자연스러웠고 우유를 짜는 리듬과 연결되는 듯했다. 평범한 외양간에 깃든 너무도 소박한 소리와 냄새, 풍경 속에서 나는 하나님의 존재를 느낄 수 있었다.

이모와 삼촌이 우유를 다 짜고 난 뒤 나는 우유를 담은 양동이 표면에서 거품을 걷어내고, 모든 소에게 일일이 십자 성호를 그어 축복을 비는 일을 했다. 이모는 내게 하나님께서 창조하신 동물들을 잘 보살피고 감사하는 마음을 가져야 한다고 얘기하셨다.

하루 일과를 마치고 집으로 돌아와 나는 집에서 구운 빵과 얇게 저민 베이컨으로 저녁을 먹었다. 베이컨을 굽던 냄새는 마치 가톨릭 의식에 쓰이는 신성한 향기처럼 지금까지도 내게 남아 하나님의 존재를 일깨워준다.

삶의 소리를 어떻게 듣느냐에 따라 많은 것이 결정된다. 우리는 늘 삶의 모든 일을 단순히 좋거나 나쁘다고 구분할지, 사람들과의 관계로부터 도망치거나 다가갈지, 삶 속의 모든 가능성을 마음

을 열고 맞이할지 아니면 문을 걸어 닫은 채 소리를 듣지 않을지를
결정해야 한다.

　몇 년 전, 한 종교 지도자가 나를 찾아왔다. 그녀는 많은 이들
에게 하나님을 찾아준 영적 지도자였다. 그런 그녀가 갑작스런 공
황장애를 호소하며 나를 찾아왔다.

　그녀가 두번째로 내 연구실을 찾아왔을 때 우리는 함께 연구실
근처 호숫가를 걸었다. 이른 봄날의 여린 초록 잎과 연분홍빛 층층
나무 꽃잎이 섬세한 장식처럼 나무 위를 뒤덮고 있었다. 그녀 역시
우리를 둘러싼 자연의 평화로움을 온몸으로 느끼는 듯했다.

　절반쯤 걸었을까. 그녀는 나를 보며 걱정스레 물었다.

　"제가 이 갑작스런 공황장애를 이겨낼 수 있을까요?"

　나는 이렇게 답했다. "그럼요. 물론이죠. 오래 걸리지 않을 거
예요. 다만 당신의 영혼이 걱정되기는 합니다."

　그녀의 얼굴에 안도감과 놀람이 동시에 묻어났다. 나는 설명을
이어갔다.

　"갑작스레 들이닥친 공황장애는 삶의 방식을 마구 뒤흔들어놓
아요. 더이상 이전의 삶과 자신을 그릴 수 없게 만들죠. 물론 이런
일을 겪는 게 좋지는 않죠. 하지만 그 덕분에 모든 일들을 새롭게
바라볼 수 있게 되었잖아요. 영적 문제의 핵심은 바로 거기에 있어

요. 공황장애가 완전히 사라지기 전에 그것을 최대한 활용하느냐 마느냐의 문제인 거죠."

삶을 감사히 받아들이게 해주는 인생의 모든 일들은 선물과 같다. 그런 선물은 대부분 극적인 시기나 사건으로부터 주어진다. 사춘기나 갱년기 때, 심지어 깊은 외상을 남겨주는 고통 속에서도 우리는 늘 새로운 가능성을 찾는다. 문제는 우리가 그런 불안정한 시기에 귀를 기울이느냐, 그 시기를 기회로 삼느냐에 달려 있다. 물론 대부분의 사람들은 그렇게 하지 못한다. 생각해보라. 우리를 찾아오는 모든 시련의 과정에서 아무런 노력 없이 지혜와 통찰력을 갖는다면 우리 주변은 온통 성인聖人들로 넘쳐나야 하지 않겠는가.

우리가 어떻게 살아가건, 무슨 일을 겪게 되건 영적 여정은 하루하루를 충실히 지켜내야 하는 것이다. 내면으로 떠나는 여정을 시작했다면 끝까지 마치는 게 최선이다.

마음이라는 이름의 용에 올라타는 일

파울로 코엘료의 소설 『연금술사The Alchemist』에 등장하는 낙
타몰이꾼은 사막에 대해 이렇게 이야기한다. 그의 설명은 마치 우
리가 걸어가야 할 내면의 여정을 말하는 듯하다.

— 한번 사막에 발을 들여놓은 사람은 다시는 돌아나갈 수 없지요.
낙타몰이꾼이 말했다.
— 되돌아가지 못할 바에는 앞으로 계속 나아가는 최선의 방법
만 생각해야 합니다. 나머지는 모두 알라의 손에 달려 있어요.
위험까지도 포함해서 말이오.

긍휼도 마찬가지이다. 『데드 맨 워킹Dead Man Walking』의 저자
헬렌 프리진Helen Prejean 수녀는 이렇게 말한다. "만약 여러분이 가
난한 사람이나 학대 받고 수감된 사람을 위해 무언가를 하고 싶다
면 무엇보다 그들에게 믿음을 주세요. 조각난 삶을 살아가는 사람
들은 대개 깨져버린 약속으로 인해 상처를 안고 있거든요."

지금까지 '힘든 시간을 이겨내는 10가지 방법'을 살펴보았다.
우리 마음속 지혜와 긍휼로 떠나는 10가지 여정은 신앙 여행 혹은

순례를 이루는 중요한 요소이다. 인생이 곧 순례의 길이라는 사실을 깨닫는 순간 우리는 삶을 허송세월하거나 서두르지 않게 된다. 대신 우리의 믿음을 입증해 보이고, 내면에 자리한 심오한 물음에 대한 답을 찾기 위해 노력하게 된다. 무엇에 관심을 기울이는지, 얼마나 잘 듣는지. 순례자와 여행자의 차이는 바로 여기에서 드러난다.

나는 이 책에서 충만한 삶을 위해서는 반드시 영적 여정이 필요하다고 강조하고 또 강조했다. 영적 여정은 순례를 떠나기에 앞서 심사숙고해야 하듯이 함부로 무턱대고 덤벼서는 안 되는 일이다. 시작은 쉽지만 과정 내내 고통스러운 일이다. 내 안의 지혜와 긍휼을 찾아 떠나는 영적 여정은 어려운 선택과 용감한 결단 그리고 대담함을 요구한다. 하지만 그 과정을 통해 우리는 따뜻한 마음으로 사람들과 소통할 수 있는 내적 자아를 발견하고 강화할 수 있다.

결국 내적 순례는 신성한 순례의 여정과 같다. 필 쿠지노의 말을 빌리자면 내적 순례는 "나의 믿음을 입증하고 내면에 깊이 자리한 심오한 질문에 답을 찾는 길"[17]이다. 그러니 이집트와 아랍 세계에서 옛날부터 내려온 인사법에 그리 놀랄 필요가 없다. 그곳에서는 신성한 목적지를 찾아 여정을 떠나는 사람들에게 이렇게 작별을 고한다고 한다.

조심히 그리고 잘 지내길

평화, 사랑, 용기가 함께하길

나 또한 당신에게 같은 마음으로 축복을 빈다. 지금까지 당신은 위험하게, 온 마음을 다해 내 이야기에 귀기울여주었다. 내 이야기에 깊이 몰두했고, 그 방법들을 삶 속에 녹여내기 위해 노력했다. 이제 당신은 내면의 마음과 영혼으로 떠나는 순례의 길에 서 있다. 광활한 사막을 지나, 삶 속에 자리한 오아시스를 스쳐지나가며 당신은 계속해서 여정을 이어갈 것이다.

참고 문헌

1 Margaret Mitchell, 출처 미상.

2 Robert J. Wicks, *Self-Ministry Through Self-
   Understanding*, Chicago: Loyola University Press, 1983, 98쪽
   에 인용된 Frank O'Connor.

3 Dorothy Day, 출처 미상.

4 William Hulme, *Managing Ministry*. San Francisco: Harper
   and Row, 1985, 54~55쪽.

5 Constance FitzGerald, "Impasse and the Dark Night of
   the Soul", Tilden Edwards, *Living with the Apocalypse*,
   New York: Harper and Row, 1984.

6 Abba Macarius는 4세기 사막의 교부 중 한 사람이다.
   더 많은 인용구는 Thomas Merton, *The Wisdom of the
   Desert*, New York: New Direction, 1960를 참조.

7 *Mother Teresa* (Becky Benate, Joseph Durepos ed.),
   Novato, California: New World Library, 1989, 39~40쪽에
   나오는 유명한 이야기이다.

8 Peter France, *Hermits: The Insights of Solitude,* New York: St. Martin's Press, 1997에 인용된 Diogenes.

9 John Chrysostom, *On Living Simply* (Robert Van de Weyer ed.), Ligouri, Missouri: Triumph, 1996, 37쪽.

10 Henry David Thoreau, *Pearls of Wisdom* (Jerome Angel, Walter Glange ed.), New York: Harper & Row, 1988, 49쪽.

11 Maryknoll, *Desert Wisdom* (translation and art by Yushi Nomura), New York: Orbis, 2001, 14쪽.

12 *The Crooked Cucumber*에 인용된 Shunryu Suzuki.

13 앞의 책, 111쪽.

14 *Pearls of Wisdom*에 인용된 헨리 제임스, 43쪽.

15 Richard Kehl, *Silver Departures,* La Jolla, California: The Green Tiger Press, 1983, 25쪽.

16 Phil Cousineau, *The Art of Pilgrimage*, Berkeley, California: Conari Press, 1998, 39쪽.

17 앞의 책, 17쪽.

힘든 시간을 이겨내는 10가지 방법

초판 1쇄 인쇄 | 2014년 3월 7일
초판 1쇄 발행 | 2014년 3월 14일

지은이 | 로버트 J. 윅스
옮긴이 | 김현정

펴낸이, 편집인 | 윤동희

기획위원 | 홍성범
편집 | 김민채 임국화
디자인 | 박정은
종이 | 아르떼 210g (표지)
　　　 백색모조지 100g (본문)
모니터링 | 이희연
마케팅 | 방미연 김은지
온라인 마케팅 | 김희숙 김상만 한수진 이천희
제작 | 강신은 김동욱 임현식
제작처 | 영신사

펴낸곳 | (주)북노마드
출판등록 | 2011년 12월 28일
　　　 제406-2011-000152호

주소 | 413-120 경기도 파주시 회동길 216
문의 | 031.955.8869(마케팅)
　　　 031.955.2646(편집)
　　　 031.955.8855(팩스)

전자우편 | booknomadbooks@gmail.com
트위터 | @booknomadbooks
페이스북 | www.facebook.com/booknomad

ISBN | 978-89-97835-47-8   03180

○ 이 책의 국립중앙도서관 출판시도서목록(CIP)은 e-CIP 홈페이지(www.nl.go.kr/cip.php)에서
　이용하실 수 있습니다. (CIP 제어번호: CIP2014007225)

북노마드